乌合之众

——群体暴力与大革命

[法] 勒庞 著
李隽文 译

The Crowd

MASS VIOLENCE AND REVOLUTION

江苏文艺出版社
JIANGSU LITERATURE AND ART PUBLISHING HOUSE

图书在版编目（CIP）数据

乌合之众：群体暴力与大革命 /（法）勒庞著；李隽文译. — 南京：江苏文艺出版社，2014（2024.4 重印）

ISBN 978-7-5399-7219-0

Ⅰ. ①乌… Ⅱ. ①勒… ②李… Ⅲ. ①群众心理学—研究 Ⅳ. ①C912.64

中国版本图书馆 CIP 数据核字(2014)第 032476 号

书　　名	乌合之众：群体暴力与大革命
著　　者	（法）勒庞
译　　者	李隽文
责任编辑	黄孝阳
特约编辑	韩倩雯
文字编辑	聂　斌
出版发行	凤凰出版传媒股份有限公司 江苏文艺出版社
出版社地址	南京市中央路 165 号，邮编：210009
出版社网址	http://www.jswenyi.com
经　　销	凤凰出版传媒股份有限公司
印　　刷	江苏凤凰新华印务集团有限公司
开　　本	880×1230 毫米　1/32
印　　张	7
字　　数	110 千字
版　　次	2014 年 3 月第 1 版　2024 年 4 月第 4 次印刷
标准书号	ISBN　978-7-5399-7219-0
定　　价	30.00 元

（江苏文艺版图书凡印刷、装订错误可随时向承印厂调换）

目　录

第二卷　群体的意见和信念

第三卷　不同群体的分类及其特征

序言　“乌合之众”的深思

邵　雨

这是一个清冷的午后，光影一点一点地拉长，黄昏很快就会来到。终于，我校完了本书的译文。然而，心情却并没有丝毫的轻松，反而因为更多的思考而有了更深的忧心……

时光回溯到六年前的那个秋天。那时，我创业受挫，借居在陶林兄不足十平米的宿舍中，重新沉思人生选择的道路。在一片茫然与百无聊赖之间，我开始疯狂的阅读，而这部《乌合之众——群体心理研究》便是其中的一本。说实在的，当时，也正是这部书对我产生了很大的冲击。那种冲击是革命性的，使得我对社会问题有了一些清晰的认识，而不再是以往的人云亦云、随波逐流。可以说其后，我在写作《决胜未来——永续发展的领导力模型》等一系列管理学论著中，曾化用其中的一些观念。正因如此，我当即把此书推荐给了陶林。

六年，对于历史的长河来说，只是一瞬，而对于我们的人生而言，却是一个并不短暂的光阴。这六年里，我们全都发生了太多的变化。陶林兄成长为一名非常优秀的作家与思想者，在致力于东西文化的传播与融合；而我则将自己熟悉的管理学暂时搁置，转而投身到传统文化之中，以期在其间能找到重构民族精神的新的可能性。当然，我们的友谊并没有因此愈行愈远，相反，却因为共有的目标而越走越近。于是，本书的译写，便成了我无法拒绝的工作。

当陶林兄来电邀请我担纲重译本书时，我有些惶恐。虽然几年前一直准备出国问学，也曾在外文上狠下过一些功夫，但近些年，我治学重心转向了国学，外文生疏了很多。既然如此，何以担任此一翻译工作？然而，陶林诚挚的邀请，令我难以拒绝。考虑再三，我决定邀请我的朋友李隽文女士担任主译，然后由我作适当的校对与修正工作。李隽文女士长期从事英文教育工作，英文功底深厚。随我一起研习儒家文化，有着独立的思想和主张，由她来担任主译工作，我很放心，不愧友人之托。

十月底，李隽文女士将译稿带至我处，我便开始了校对工作。然而，其时我一直潜心于佛学的研究工作。十二月初，又前往黄河之畔寻根问祖，体验中华文化的起源，以致于短短八万多字的校对工作花费了两个月的时间。耗时之长，颇愧对陶林兄的期待，更是愧对隽文女士的辛勤工作。

事实上，李隽文女士的译稿非常扎实，严格采取了直译的方式，文辞极其理性，并且准确、清晰、直白，不会引发读者的误解，更不会产生因翻译而导致的误读。我的校对只是对一些细微的措辞进行了修正，以及进行一些语法的梳理。然而，这一次的审稿与校对，所带给我的反思远远超出六年前的秋天。或许，这是因为寒冷的冬天更加适合于思索。尤其是作者在全书的结束时，指出我们身处于一个"民族存亡的关头"，更是令我有着揪心般的痛楚感。这种揪心的感觉，与我两年前读到日本管理学家（现在更像是社会学家）大前研一的《低智商社会》时是一样的。事实上，这两本书完全可以对应着阅读。

确实，我们正处于中华历史转折重大的关头。在此，我所说的绝非是民族的表象，而是民族的根本——文化和灵魂。而且，我们的大多数国人在这一关头，表现得束手无策和随波逐流。正因如此，我在始祖山顶无比悲愤地敲响了轩辕鼓，用以自醒，并唤醒众人，力图独自寻找一条重树中华民族精神的道路，找回我们遗失的灵魂，而非沦落为只知道迎合的“乌合之众”。

事实上，我们身边的众多人，比书中所描述的“乌合之众”更为糟糕，他们完全被欲望所支配，从未曾静下心来思索过人生与生命的价值和意义，更未曾想到过作为一名中国人，应该担负起什么样的职责。直截了当的说，我们身边有着一群远远不及“乌合之众”的人，很多人没有独立性、自主性，没有担当，没有精神，没有气概，更没有灵魂可言，我实在不知道由这样一类人所构成的民族到底能够延续多久！

当然，我清晰地知道埋怨和痛心疾首解决不了任何问题。要改变这样的现状，唯一的办法便是唤醒人们的心灵，这一点，无论是中国传统文化的核心——儒、道文化，还是外来的佛学，全都如此认为。事实上，除此之外，我们也确实无法寻找到更为妥当的办法。而这才是我们真正需要去做的。

本书的原作者、法国心理学家勒庞，无疑是一位深刻的社会观察家，对问题的归纳和总结都是一针见血。可是，他只是提出了问题，并并没有找到切实可行的解决方案。或许可以说，单纯运用西方的智慧，根本无法解决这一问题。所以说，这就需要我们伟大的传统文化来解决，为什么？因为要解决“乌合之众”的问题，首先必须承认个体的独立性，而且不是承认个体肉体的独立性，因为个体的肉体携带着私欲，一旦这种私欲被释放出来，世界将变得异常糟糕，事实上，西方文明中的自由、平等和民主已经为我们上演了无数的悲剧。而中华传统文化中的个体的独立性，是建立在心性的基础上的，一个人只要真的明白了自己的心性，并且按照心性的指引去行为，那他至少也会是一名合格的君子，也就必然会有着独立的主张、至善的观念以及大爱的灵魂，如此一来，产生“乌合之众”的一切心理基础和根源都将土崩瓦解。当然，这需要付出甚多的努力和心血。

我并没有这样一个企图，要在这篇短短的序文中，全部解决“乌合之众”的问题，仅仅是指出一个非常草率的乃至模糊不清的方向。作为一个在社会中生活的人，我们谁也避免不了要行走，被社会的潮流所冲击。既然如此，就应该为自己找到一个方向，努力走过去，解决迎面而来的问题，而毋庸多想这个方向的最终究竟是如何！

是为序。

2013年仲冬，于传心楼

第一卷　群体心理

第一章　群体的一般特征

提要：从心理学的角度看群体的构成；大量的个人聚集在一起并不足以构成一个群体；群体心理的特征；群体中个人固有思想感情发生的变化以及其个性的消失；群体总是受着无意识因素的支配，大脑活动的消失和脊髓活动的得失，智力的下降和感情的彻底变化；这种变化了的感情，或许比形成群体的个人的感情更美好，或许更糟糕；群体易于英勇无畏，也易于犯罪。

在一般意义上，群体指多个个体的聚集，而不管他们属于哪种民族，哪个职业或是性别，也不管究竟是何种机缘让他们走到一起来。依据心理学的观点来说，群体这个表达有着其与众不同的重要含义。在某些特定的情况下，而且只有在这些情况下，聚集在一起的人们通常会显示出全新的特征，这些特征迥然不同于组成群体之前的个体们的特征。这些聚集在一起的人们，他们的情感和思想全都转移到了同一方向，与此同时，他们自我意识中的个性完全消失了，并形成了集体意识。毫无疑问，这种集体意识是暂时的，但是它确实表现出了一些非常明确的特征。因为没有更好的说法，我姑且称这些聚集成群的人们为组织化群体。或者换一个也许更为贴切的说法，叫做心理群体。它形成了一种独特的存在形式，受到了群体精神的统一律的支配。

不言而喻，一些人偶然发现彼此站在一起，仅仅是这个事实，并不能够使他们获得组织化群体的特征。即便是一千个偶然聚集在公共场所的人，如果没有任何明确的目标，从心理学角度来看，是绝不能算作一个群体的。要获得群体的特征，就必须拥有某些前提条件在起作用，我们必须对它们进行定性。

个性自觉化的消失，以及情感和思想向一个明确方向的转变，是人们即将变成组织化群体的首要特征，但现场并不一定有许多人同时存在。有时，人们受到某种狂暴情绪的影响，比如说因为某件国家大事，成千上万孤立的个体也有可能产生心理群体的特征。在这种情况下，仅仅一个偶然事件就足以让他们闻风而动地聚集在一起，从而，迅速产生群体行为特有的特征。有时，仅仅六个人就可能组成一个心理群体，但是在其他情况下，就算上百个人偶然聚集到一起也不能形成心理群体。另一方面，尽管我们没有看到整个民族聚集在一起，但是在某种影响的作用下，它也有可能形成一个心理群体。

心理群体一旦形成，它就会获得某些暂时的然而又非常明显的普遍特征。除了这些普遍特征之外，它还有一些附带特征，而具体表现则会随着组成群体的人的不同而产生变化，并且它的精神构成也会相应的发生变化。因此，要对心理群体进行分类并不难。当深入研究心理群体时，我们将会看到一个异质性群体，会展现出与同质性人群相同的某种特征。异质性群体是指由不同成分组成的群体，同质性人群则指由或多或少相同（如同一宗派、等级和阶级）成分组成的群体。除了这些共同特征外，它们还具有各自的特殊性，让我们能够将它们区分开来。

不过，在研究不同类型的群体前，首先应该了解一下它们的共同特征，然后再去研究可以将它们区分开来的具体特点。在这一点上，我们和生物学家的研究方式不谋而合。生物学家都是首先描述植物家族所有成员的普遍特征，之后才会研究造成这个家族不同类别的差异性特征。

要准确描述群体心理并不容易，因为群体组织不仅随种族和构成的不同产生变化，也会随支配群体的刺激性因素的性质和强度而改变。不过，个体心理学的研究也会遭遇同样的困难。一个人在整个一生中都保持不变的性格，这只能在小说里看到。只有单一的环境才能创造出性格的单一性。我在其他著作中曾表明，一切的精神构成都包含着各种性格的可能性，环境的突然改变会使得这种可能性表现出来。立足于此，我们就能够解释，为什么法国国民公会中最野蛮的成员往往都是些原本谦和的人。——在正常情况下，他们都是和平的公证人或者正直的官员。风暴过去之后，他们通常会恢复正常的性格，成为安分守法的公民。拿破仑在他们中间找到了属于他的最温顺的臣民。

在这里，我们不可能对群体强弱不同的组织程度做全面的研究，我们更关注那些已经达到了完整组织化阶段的群体。这样，我们才能够看到群体会变成什么样子，而并非是他们处于一成不变时的模样。只有在这个发达的组织化阶段，种族不轻易改变的主要特征才会被赋予某些新的内容。然后，集体所有的情感中所显示出来的变化，就会表现为一个明确的方向。只有在这种情况下，我在前面所提到的群体精神的统一律才开始发挥作用！

在群体的心理特征中，有一部分和孤立的个人是相同的，而有一部分则完全为群体所独有，只存在于集体中。首先，我们就是要研究这些特征，来表明群体的重要性。

一个心理群体表现出来的最显著的特征，通常有如下几点：

组成这个群体的个人不管是谁，无论他们的生活模式、职业、性格，或是智力相似还是不同，一旦他们转变成一个群体，他们就会形成一种集体心理，这使得他们的感情、思想和行为变得与他们单独时有着天壤之别。若不是因为他们形成了一个群体，这些思想和情感根本不会产生，也不会转化为行动。心理群体是由一些异质成分组成的暂时现象，当他们结合在一起时，就像结合成了一种新的存在，和构成一个生命体的细胞一样，会表现出一些特征，这个与单细胞所具有的特征大不相同。

与机智的哲学家赫伯特·斯宾塞的一个观点相反，在形成一个群体的人群中，并不存在构成因素的综合或是它们的平均值。真正的情况则是由于出现了新特征而形成了一种组合，就像某些化学元素，比如说碱和酸，在相互接触反应之后，形成了一个新的物质，与反应前的物质相比较，这个新的物质具有完全不一样的特征。

群体中的组成个体不同于某个孤立的个体，要证明这一点异常容易，但是要发现这些差异的根源就不那么容易了。

要想多少了解一些根源，首先必须记住现代心理学所确认的真理，即无意识现象不但在有机的生活中、而且也在智能活动中发挥了主要的作用。与精神生活中的无意识活动相比，有意识活动只产生了很小的作用。最细致的分析师和最敏锐的观察家，充其量只能发现一点决定他行为的无意识动机。我们有意识的行为，是主要受遗传影响而造成的无意识的深层心理结构的产物。这个深层结构中包含着世代相传的大量的共同特征，它们组成了一个种族的先天禀性。在我们行为产生的公认原因背后，毫无疑问隐藏着我们没有说明白的原因，但是在这些未说明的原因背后，仍然还有很多我们一无所知的其他的神秘原因。我们大部分的日常行为，都是不为我们所知的隐性动机造就的。

无意识因素构成了一个种族的先天禀性，尤其在这个方面，所有的属于该种族的个人之间是十分相似的；然而，造成他们彼此之间相互差异的，则主要是他们性格中有意识的方面——教育的结果，但更多的还是因为独特的遗传条件。即便人们在智力方面的差异很大，但他们拥有的本能和情感却都是相似的。至于在情感领域的每件事上——宗教、政治、道德、爱憎等，最杰出的人也并没有比凡夫俗子高明多少。从智力角度来讲，一个伟大的数学家和他的修靴匠可能会有天壤之别，但是从性格角度来讲，他们之间的差异非常微弱，或者根本就没有差别。

这些普遍的性格特征，被我们无意识的力量所支配，一个种族中的大多数普通人都具备同等程度的这些特征。我认为，这些性质恰好构成了群体中的共有属性。结果，在集体心理中，个人的才智被削弱了，从而使得他们的个体特征也被减弱了。异质性被同质性同化了，无意识的特质占据了上风。

群体一般只有很普通的品质，这个事实很好地解释了群体为何不能够完成需要高智力的工作。影响大众利益的决定，往往是由杰出人士组成的议会作出的，虽然他们都是不同领域中的专家，但并不会比一群愚蠢的人最终所采纳的决定更为高明。事实上，他们通常只能用每个人与生俱来的平庸才智，处理手头的工作。群体中，累加在一起的只有愚昧，而不是天生的智慧。如果说“整个世界”指的是群体，那根本就不像人们常说的那样，“整个世界”要比思想家伏尔泰来得更聪明，倒不如说伏尔泰比“整个世界”来得更智慧。

如果群体里的个人只把自己共同分享的寻常品质集中在一

起，这大概只会带来明显的平庸，而不会像我们实际说过的那样，会创造出一些新的特征。那么，这些新的特征是如何产生的呢？接下来，我们就来探讨、研究一下这个问题。

有一些不同的原因，对这些为群体所独有而孤立的个人并不具备的特征起着决定性的作用。首先，即使仅从数量上说，组成群体的个人也会感觉到一种不可战胜的力量，这种力量能让他敢于发泄出本能的欲望，而当他独自一人时，他一定会对这些欲望加以控制的。他很难不产生这样的想法：群体是个无名氏，因此自己也不必承担责任。这样一来，平时约束个人的责任感就消失殆尽了。

第二个原因，传染也会对群体的独有特征起到决定性的作用，同时还决定了他们随大流的倾向。传染虽然是一种很容易便可以确定是否存在的现象，却很难将它解释清楚。必须将它定义为一种催眠方法，下面我们就对此做一项简单的研究。在群体里，每种情感和行为都有传染性，其程度之强足以使得组成群体的每一个成员随时都能够为集体利益去牺牲自我利益。这种倾向和人的本性是完全对立的，一个人单独的时候很少能够做到这样，只有身为群体的一员时才能够如此行事。

决定着群体特征的第三个原因，也是最重要的原因，与独立个体所表现的完全相反。我在这里将之定义为易于接受暗示的表现,它也正是上述的相互传染所造成的结果。

要想理解这种现象,就必须记住最近的一些心理学的发现。现在,我们知道通过不同的过程,一个人可以被带入一种完全失去人格意识的状态,他对使自己失去人格意识的暗示者唯命是从,并会做出一些与他的性格和习惯极为矛盾的举动。经过最细致的观察,似乎已经可以证实,当一个人长时间地融入群体行动中,会很快发现——要么因为在群体发挥催眠影响的作用下,要么由于一些我们未知的原因——自己进入了某种特殊的状态,这种状况类似于一个被催眠了的人在催眠师的操纵下进入的迷幻状态。被催眠了的人的大脑活动处于被麻痹了的状态,他被脊髓神经中的无意识活动所奴役,任凭催眠师随心所欲的支配。自我意识的人格完全消失了,个人的意志和洞察力也不复存在,所有的情感和思想都被催眠师所左右。

大体上说,心理群体的个体也处于这种状态之中。他不再能够意识到自己的行为。他的情况就像被催眠了的人一样,某些能力被毁坏了,与此同时,其他的能力则进入了高度兴奋的状况。在某种暗示的影响下,他会以难以抗拒的冲动去采取某些行动。群体中的这种冲动,通常比被催眠了的人的冲动更难抗拒,因为,在事实上，暗示对群体的所有成员都有着同样的作用，而相互的影响使得这种力量无限增大。群体中几乎没有任何人能够拥有足够强大的意志来抗拒这些暗示，因此，结果就变得根本无法逆转，他们充其量只能因为另一种不同的暗示而改弦易辙。也正因为这样，有时只需要一个悦耳的表达，或是一个被适时唤醒的形象，便能够阻止群体进行残忍的暴行。

现在，我们知道，有意识人格的消失，无意识人格占据了上风，情感和思想借助暗示和传染的作用转向了同一个方向，以及立即将暗示的想法转化为行动的倾向。以上这一切全都是组成群体的个人所表现出来的主要特征。他不再是他自己，他变成一个不再受自己意愿所支配的玩偶。

此外，一个人成为一个有机群体的成员，仅仅是这个事实，就让他在文明的阶梯上倒退了好几步。独处的时候，他可能是一个有修养的人；在群体中，他却变成了野蛮人，一个受本能欲望控制的人。他表现得身不由己，暴力而且凶残，同时展现出像原始人类一样的热情和英雄主义，与原始人更为相似的是，他允许自己被各种言辞和形象所打动。而在他们独自一人时，这些言辞和形象根本不会产生任何影响。他情不自禁，做出了与他最明显的利益和最熟悉的习惯完全矛盾的行为。群体里的个体，不过像沧海

1789年8月4日，这是一个值得纪念的晚上，法国的贵族们一时激情澎湃，毅然投票放弃自己的特权。

里的一粒沙，由风任意吹动。

正因为这些原因，陪审团所做出的判决，有可能是任何单独的陪审团成员都不赞成的判决。而议会立法机构所采纳的法案和措施，也有可能不为任何单独的议会成员所认可。分开来看，公会成员都是爱好和平的文明公民，但是当他们团结在集体中，他们往往会毫不迟疑地赞同最残忍的提案，把最无辜的人送上断头台，这一切与他们的利益完全相反，他们否认自己是神圣不可侵犯的，乃至大肆的否定自我。

群体中的个体，不但在行动上和本人有着本质的差别，甚至在他完全失去独立性之前，他的思想和情感已经发生了转变，这种改变极其深刻，它可以把一个守财奴变成一个挥霍无度的败家子，把一个怀疑论者变成忠实的信徒，将一个诚实的人转变成可恶的罪犯，将一个懦夫转变成受人敬仰的英雄。1789 年 8 月 4 日，这是一个值得纪念的晚上，法国的贵族们一时激情澎湃，毅然投票放弃自己的特权。如果让这些人单独考虑这件事，我敢保证：无论如何都不会有人同意这个决策的。

综上所述，群体在智力上总是低劣于孤立的个人，但是，从情感上以及情感所激发的行动这个角度来看，群体有可能会超过个体，当然也有可能会低于个体，这完全要看环境如何。一切取决于群体接触的暗示具有什么样的性质。在这一点上，很多从犯罪角度研究群体的作家都完全误解了事实。毫无疑问，群体通常有可能会犯罪，但是它们也常常不缺乏英雄气概。正是因为群体，而不是单独的个人，会引起人们冒着生命危险去慷慨赴难，为某一个信条或是观念提供了保证；也会使人们怀着赢得荣誉的热情赴汤蹈火——就像十字军时代，在几乎没有粮草和装备的情况下——向异教徒讨还基督的墓地，或者像1793年那样不计代价地捍卫自己的祖国。毫无疑问，这种英雄气概在很大程度上是无意识的，然而，就是这种无意识的气概创造了历史。如果人民只会以冷酷无情的方式去干所谓的大事，那么，世界史上便不会有多少关于他们的记录了。

第二章　群体的感情和道德观

提要:(1) 群体的冲动、易变和急躁。所有外界刺激因素都对群体有着支配作用,并且它的反应会不断发生变化;外界刺激对群体影响很大,甚至可以淹没个人的利益;群体不会作出深思熟虑;种族的影响。(2) 群体易受暗示与产生轻信。群体对暗示的顺从;群体把头脑中产生的幻觉当做现实接受;为什么这些幻觉对群体中所有的个体都是一样的;群体里有教养的人和无知的人都是一样的;群体中的个体受幻觉支配的实例;群体的证词不可信；众多的目击者是最糟糕的证人，他们都能创造“事实”；历史作品的价值微乎其微。(3) 群体情感的夸张与单纯。群体不承认怀疑或者不确定，他们的情感经常会走极端；他们的情感总是会过度。(4) 群体的偏执、专横和保守。群体情感的缘由；群体在面对强权时卑躬屈膝；群体的瞬时革命性本能不妨碍他们成为极端的保守派；群体本能的敌视改变与进步。(5) 群体的道德。根据暗示的指引，群体的道德可以比群体中的个体高尚，或者低劣；解释和实例；单独个人的动机往往就是利益，而群体很少被利益所引导；群体的道德净化作用。

上一章中，我们已经概括陈述了群体的主要特征，接下来我们来研究这些特征的细节。

应该指出，群体的某些特点，比如冲动、急躁、缺乏理性，以及缺乏判断力和批判精神、情感夸张，等等，几乎总是在低级的进化形态身上被发现，例如女人、野蛮人和孩子。然而，我仅仅是顺便表明这一点，对它的论证并不在本书的范围之内。而且，这对于熟悉原始人类心理的人毫无意义，也很难让对此事一无所知的人相信。

现在，我来逐次讨论一下这些在大多数群体里看到的不同特征。

(1) 群体的冲动、易变和急躁

研究群体的基本特点时，我们曾说，群体几乎全都是受无意识的动机所支配的。他们的行为不受大脑控制，更多是受脊椎神经的影响。在这个方面，群体和原始人类非常相似。考虑到他们的表现，群体的行为可以算是完美的，但是因为这些行为并不是受大脑控制的，个人的行为方式完全为他所受到的刺激因素所决定。一个群体完全受外界刺激因素所支配，并且它的反应会不断发生变化。可以说，群体是他们所受到的刺激因素的奴隶。单独的个体与群体中的个体一样，也会受到刺激因素的影响，但是他的大脑则会向他表明，受冲动的摆布是不足取的，因此他就会约束自己而不会屈服了。这个道理，用心理学的表达来说，则是：单独的个体能够掌控自己的习惯性行为，但是群体却缺乏这种能力。

依据让群体产生兴奋的原因，他们所遵从的各种冲动可以是最豪爽的，也可以是残忍的，英勇的，或是懦弱的，然而，这些冲动极其强烈，往往导致个体的利益，甚至自保生命的欲望，也难以支配它们。刺激群体的因素可谓多种多样,群体往往会屈从于这些刺激,因此他们的行为也就变得极其易于变化。这就解释了我们为什么能够看到,有些人在一瞬间便可以从最血腥的狂热分子转变为极度慷慨和英雄主义。群体极易扮演刽子手的角色,同样也很容易慷慨就义。也正是群体,能够为着一切信念的胜利而抛头颅洒热血。若想了解群体在这个方面所做出的贡献,我们并无必要回顾英雄的年代。在起义中,他们从来不曾吝惜过自己的生命,就在不久前,一位突然名声大噪的将军,可以轻而易举地找到成千上万的人,只要他一声令下,这些人就会为他的事业奉献出自己的生命。

因此,让群体做好预先策划几乎是不可能的。他们可以被最矛盾的情感所激发,但是他们又总是会深受当时刺激因素的影响。他们就像风暴卷起的树叶,朝着每个方向飞舞,然后再次坠落到地面上。在下面,我们研究革命群体时,将会列举出一些群体情感多变的事例。

群体的多变使得他们难以被统治,尤其是在公共权力落在他们手里之后。一旦在日常生活中,各种必要的事务不再对生活构成无形的束缚,民主基本上是不可能再持久了。此外,尽管群体的愿望是狂热的,但却不具备持续性。群体没有能力做长远的打算，或者思考。

群体除了冲动和易变之外，他们还像野蛮人一样，不准备承认有任何事物能阻挡他们的欲望的实现。由于不可抗拒的良好的自我感觉，它们最不能理解的便是妨碍。群体中的个体根本就没有“不可能”这一念头。单独的个体非常清楚地明白他不能独自放火焚烧宫殿，或是洗劫商店，即便他有这样的冲动，也会很容易就能够抗拒这种诱惑。然而，当他成为群体中的一员时，他就能感受到有一大群的人在给予他力量，这种力量足以让他立刻屈服于谋杀或者掠夺的诱惑。与此同时，一切意想不到的阻碍全都会被疯狂而愤怒的情绪所摧毁。如果人类允许持久愤怒的情绪存在，在正常情况下，一旦群体的愿望受到阻挠，便将会发生一种充满极端愤怒的激情。

种族的基本特征是我们一切不变情感的来源，它也总是会对群体的急躁、冲动和多变产生影响，正如它会影响我们所研究的一切大众情感一样。毫无疑问，所有的群体总是急躁和冲动的，但在其程度方面有着极大的差异。例如，拉丁民族的群体和英国人的群体就有十分显著的差异。最新发掘出来的一些法国历史事件为这一差异提供了生动的说明。25 年前，仅仅是一份据说某位大使受到侮辱的电报被公之于众，就足以触犯众怒，随即引发一场可怕的战争。几年后,关于谅山的一份无关紧要的失败的电文,再次激起了拉丁民众的怒火,由此瞬间推翻了政府。而与此同时,英国远征喀土穆遭受的一次重大失败,却只产生了异常轻微的民众波动情绪,甚至连大臣们都未被解职更换。任何一个地方的群体都有些女人气,而拉丁族裔女人气最多,任何赢得他们信任的人,命运都会立即为之大变。但是这样做,无疑等于在悬崖边散步,说不定哪一天便会跌入深渊。

(2) 群体的易受暗示与轻信

在定义群体时,我们曾说过,它们有一个普遍的特点是易受暗示,我们还陈述了一切人类集体中,暗示的传染性所能达到的可能程度;这一事实解释了群体的情感在某个方向上的迅速转变。无论人们认为这一点是多么得无足轻重,群体通常总是处于期待注意的状态中,因此就非常容易受到暗示。最初的暗示,会通过相互传染的过程,迅速进入群体所有成员的头脑,群体情感的一致倾向便会立刻成为一个既定事实。

正如所有处在暗示影响下的个体所显示出来的一般,进入大脑的想法很容易便会转变为行动。不管是放火焚烧宫殿,还是自我牺牲，群体都会在所不辞。一切都取决于刺激因素的性质，而不再像单独的个体那样，取决于受到暗示的行动与所有理由之间的关系，后者则可能采取与理由完全对立的行动。

因此，群体永远在无意识的边缘徘徊，会随时屈从于一切暗示，表现出对理性的影响无动于衷的生物所特有的激情，它们失去了一切判断能力，除了极端轻信之外再无别的可能。在群体中间，不可能的事不可能存在，要想对那种编造与传播子虚乌有的神话和故事的能力有所理解，就必须牢牢记住这一点。

在人群中流传的神话之所以产生，不仅仅是他们的极端轻信，也是事件在人们的臆想中经过奇妙曲解之后所导致的结果。通常，许多在众目睽睽之下发生的最简单的事情，不久后也会变得面目全非。群体运用的是图像性思维，而一个图像往往又会引发一系列跟它风马牛不相及的其他图像。我们只要略微想象一下，很多时候，我们会因为在头脑里浮现出来的任何事实而产生一系列不可思议的幻觉，我们往往很容易理解这种状态，因为理性会告诉我们这些图像之间是没有任何关系的。但是，群体对理性几乎熟视无睹，根本分不清哪些是事实，哪些是已经叠加了人们的想象而歪曲了的幻觉。群体几乎不分主观和客观，它们将脑海中产生的一切景象全都当作是现实来接受，尽管这些景象跟现实中观察到的事实相差十万八千里。

群体对现实进行歪曲的方式，看起来似乎既多且杂，并相互各异，因为组成群体的个体们通常有着迥然不同的爱好与倾向。但是事实并非如此，由于传染，现实所受到的歪曲几乎是一样的，群体中的所有人都会表现出相似的态度。

在群体中，一旦某个人对真相进行第一次歪曲，便意味着传染性暗示的开始。当画在耶路撒冷墙上的圣乔治出现在所有十字军面前，在场的群众中肯定会有人率先感受到他的存在。通过暗示和传染的推动，这个人所编造的奇迹会立即被所有的人所接受。

这种经常出现的集体幻觉机制，在历史上由来已久。这种幻觉似乎具有一切公认的真实性特征，因为它们是被成千上万人所观察到的现象。

若想反驳以上所说的一切，无须考虑组成群体的个体的智力品质。因为这种品质无足轻重。从他们形成群体的那一刻起，不论是学识渊博的人，还是不学无术的人，都已经丧失了观察的能力。

这个理论看起来似乎矛盾重重。若想消除人们的疑虑，我们就有必要研究大量的历史事件，即使是你围绕着这一切写出一大堆的书，或许也不足以达到这个目的。

但是，我不想让读者认为这些主张丝毫未经证实。因此，我会为读者简单地列举一些例子，它们都是从可以引用的无数事例中随意挑选出来的。

下面是一个最为典型的事例，它来自使群体成为牺牲品的集体幻觉。这些群体里的个体，既有愚蠢至极的人，也有学富五车的人。一位名叫朱利安·菲利克斯的海军中尉，在他写作的《海流》一书中，偶然提到这一事件，后来还曾经被《科学评论》引用过：

护卫舰"贝勒·波拉"号，为了寻找在一场强烈风暴中与它失散的另一艘巡洋舰——"波索"号，在宽阔的海面上巡航。当时正值一个大白天，阳光灿烂。忽然间，执勤兵发现了一艘船只遇难的信号。朝着信号发出的方向望去，所有的军官和海员都清晰地看到一艘救生艇，挤在上面的人们，被发着危险信号的船拖拽着。然而，这仅仅是一个集体幻觉。德斯弗斯上将决定放下一艘船去营救遇难者。在靠近目标时，所有的军官和海员都看到一大群活着的人，向他们伸出期待救援的手，而且还能够听到很多混乱的哀号的声音。然而，当真正抵达目标时，他们没有见到任何人，海面上只有几根从隔壁海岸飘过来的满是树叶的树枝。在这一清晰感知的证据面前，幻觉才彻底消失。

这个例子将这种集体幻觉机制解释得异常清晰。一方面，这群人处于一种极其期待的状态下；另一方面，执勤兵发现了遇难船只的信号传递给了所有人以某种暗示，这种暗示经过传染之后，被在场的所有官员和海员接受了。

使眼前正在发生的事情遭到歪曲，让不相干的幻觉掩盖了真相——群体中出现这种情况，往往并不一定需要太多的人。只要几个人聚在一起就能够形成一个群体，就算他们都是博学之士，在他们的专长之外同样会呈现出群体所拥有的特征。在群体中，他们个人所具备的观察力和批判精神瞬间消失了。一位敏锐的心理学家——达维先生给我们提供了一个跟这一问题相关的非常奇妙的例子，《心理学年鉴》最近也引用了这一事件。达维先生召集了一群非常出色的观察家，其中有华莱士先生——英国最著名的科学家之一。让他们在审查了的物体上根据自己的意愿做上标记之后，达维先生在他们面前演示了精神现象及灵魂现形的过程，并要求他们作了记录。这群杰出的观察家们得出的报告是：全都同意他们所看到的现象只能通过超自然的手段做到。而达维先生向他们表示，其实这只不过是一个简单的骗术。这份文献的作者说："达维先生的调查所得出的最耐人寻味的特点，不是

达维先生召集了一群非常出色的观察家，其中有华莱士先生——英国最著名的科学家之一。

骗术本身有多么神奇，而是由外行目击者所提供的报告的极端虚假。”他说：“显然，甚至众多的目击者也会列举出一些完全错误的条件关系。但其结论是，假如他们的描述被认为是正确的，那么，他们所描述的现象就不能够再用骗术来解释。达维先生发明的方法非常简单，人们对他竟然用这么大胆的方法感到吃惊。但是他具有支配群体大脑的能力，他能够说服群体，让他们相信他们看到自己并未曾看到的东西。”在这里，我们所遇到的仍是催眠师影响被催眠者的能力。由此可见，即便是对于那些头脑非常严谨的人来说，哪怕事先就要求他们抱着怀疑态度，这种能力也能发挥出如此巨大的作用，那么，它能让普通群体轻易上当受骗，也就不足为怪了。

类似的例子数不胜数。在我写这段话的时候，报纸上充斥着两个小女孩在塞纳河溺水身亡的消息。五六个目击者言之凿凿，他们认得出这两个孩子。所有的证词完全一致，不容预审法官再有任何一丝怀疑。于是，他签署了死亡证明。但是，就在孩子的葬礼上，一个偶然的机会，人们发现死者竟然还活着，并且她们和溺死的女孩并没有多少相似之处。就像我们上述的几个例子一样，第一个目击者本人就是幻觉牺牲品，他的证词足以影响其他几个目击者。

在这类事件中，暗示的起点通常会是某个人凭借或多或少的模糊记忆所产生的幻觉，接下来最初的幻觉会得到肯定，从而导致了相互传染。如果第一位目击者非常容易受到影响，当他确信自己已经辨认出了尸体，有时候会呈现出与真实相似的某些特征，比如一块伤疤，或是一些让其他人产生同感的装束上的细节。由此产生的同感就会变成一个肯定过程的核心，它会完全左右其他人的理解和判断。这时，目击者看到的并不是事物的本身，而是脑海中被激发出来的幻像。由此可以解释，在旧事重提的报纸记录的如下案例中，母亲错认孩子的尸体。在这个例子中，诸位肯定能够找到我刚刚指出的发挥着作用的两种暗示。

“是另一个孩子认出这个孩子的，但是他弄错了。然后，这一系列没有根据的辨认过程就由此开始了。后来，一件异常的事情发生了。在同学们辨认尸体的第二天，一位女士大叫起来：‘天哪，这是我的孩子！’她走近尸体，观察他的衣服，又看了看他前额上的伤疤。然后说：‘这肯定是我儿子。他是去年七月不见的，他一定是被人拐走并且杀害的。’这个女人是福尔街的看门人，姓夏凡德雷。她的表弟也被召唤来了，询问他时，他确定地说：‘那确实是小费利贝。’而住在同一条街道上的好几个人，也辨认出在拉维莱特发现的尸体就是费利贝·夏凡德雷，这其中包括孩子的老师，他是通过孩子佩戴的徽章辨认出来的。”

但是，邻居们，表弟，老师和妈妈全都搞错了。六周之后，被辨认的那个孩子的身份得到确认。那个男孩是波尔多人，在家乡被杀害并被一伙人运到巴黎的。

应该指出，产生这种误认的往往是女人和孩子，也就是那些最没有主见的人。同时，这也能表示法庭中所谓目击证人的不可靠。尤其是牵扯到孩子时，他们的证词绝对不能当真。地方法官习惯于说童言无忌。然而，哪怕他们只有一点点的心理学基础，也应该会知道，事实恰恰相反：孩子们一直就在撒谎。当然，这些都是无辜的谎言，但仍旧是谎言。正像经常发生的情况一样，用孩子的证词来决定被告的命运，还不如用扔钱币的方式来得合理。

我们还是回到群体的观察力这个问题上来吧，我们得出的结论是：群体的集体观察力常常会出错，大多数时候，仅仅代表了通过传染影响着同伴们的个人幻觉。事实证明，人们应该明智地认识到群体的证词通常极不可靠，甚至会误差到无以复加的程度。25年前的色当战役中，成千上万的人参与了这次著名的骑兵进攻，但是面对那么多极为矛盾的目击者的证词，根本无法确定到底是谁在指挥这场战役。英国将军沃尔斯利爵士在最近的一本书中证明，关于滑铁卢战役的一些重要事件，至今仍有人在犯着最为严重的事实错误——这些是曾有成百上千的目击者证明过的事实。

这些事实向我们证明了群体证词的价值究竟何在。讨论逻辑学的论文有数不胜数的证人的一致同意，因此属于可以用来作为支持事实准确性最强有力的证据。然而，关于群体心理学的知识却告诉我们，逻辑学文章的这个观点需要重写。而受到最严重怀疑的事件，一定是那些观察者人数最多的事件。要是说一个事实能同时被上千个目击者所证实，那就等于说真相与公认的记述相去甚远。

依据以上情况所得出的明确结论是：我们只能把史学著作当做是纯粹想象的产物。它们是对观察有误的事实所作的无根据的记述，并且混杂着一些对结果的思考与解析。写这样的东西完全是在浪费光阴。假如历史没有给我们留下文学、艺术和不朽的著作，我们对过去时代的事实便将一无所知。关于那些在人类历史上发挥重大作用的伟人们的生平，比如赫拉克利特、释迦牟尼或穆罕默德，我们拥有一句真实的记录吗？很可能我们一句真相也没有。不过，实事求是地说，他们的真实生活对我们也无足轻重。我们的兴趣都在于了解那些伟人在流传的神话中呈现出什么的形象。打动群体心灵的是神话中的英雄，而不是一时的真实英雄。

不幸的是，神话虽然被明确地记录在书中，但它们本身却毫无稳定性可言。随着时光的流逝，群体的想象力在不断地改变着它们。《旧约全书》中，嗜血成性的耶和华，和圣德肋撒爱的上帝有着天壤之别，而中国人所崇拜的佛祖和印度人所供奉的佛祖也并没有多少共同特征。

英雄的神话因为群体的想象力而改变，使得英雄们逐渐离我们而去。甚至无需数百年时间，这种转变也许在几年内就可以发生。当今时代，我们便可以看到有关最伟大的人之一的神话，在不到 50 年的时间里，已经被数次改动。在波旁家族的统治中，拿破仑成了田园派和自由主义的慈善家，以及一个卑贱的朋友。在诗人眼里，他注定会长期留存在乡村人民的记忆之中。三十年后，这位平易近人的英雄变成了一位嗜血成性的暴君，他在篡夺了政权并毁坏了自由之后，仅仅为了满足一己的野心，便造成了三百万人的大屠杀。现在，我们看到神话又在发生变化。数千年之后，将来的有识之士，面对这些矛盾百出的记载，也许会对历史上是否真的有过这位英雄表示怀疑，就像现在有些人就在怀疑释迦牟尼佛是否真的存在过。从他身上，他们只会看到一个光彩照人的神话或一部赫拉克利特式传奇的演变。对这种缺乏确定性的情况，他们无疑很容易会心安理得，因为和今天的我们相比，他们更明白群体的特点和心理。他们会知道，除了神话外，历史很少有保存其他记忆的能力。

（3）群体情绪的夸张与单纯

群体表现出来的情感不管是好的还是坏的，其主要的特征就是极其简单和夸张。在这个方面，就像许多其他方面一样，群体中的个人类似于原始人。因为他不能做出细致的区分，他把事情看作是一个整体，而看不到它们中间的过渡过程。群体情绪的夸张也受到另一个事实的强化，即不管什么情感，一旦它表现出来，通过暗示和传染的过程非常迅速地传播，它所明确赞扬的那个目标就会力量大增。

群体情绪的简单和夸张导致了它全然不懂怀疑和不确定性为何物。就像女人们一样，群体很容易就会陷入极端。怀疑一说出口，立即会成为公认而没有争议的证据。心生厌恶或是有反对意见，如果发生在孤立的个体身上，不会产生丝毫的力量，而若是发生在群体中，群体立即就会变得勃然大怒。

群体情绪的狂暴，尤其在异质群体中间，又会因为责任感的彻底消失而强化。意识到肯定不会受到惩罚——而且人数越多，这一点就越是得到肯定——以及人多势众而一时产生的力量感，会使群体表现出一些孤立的个体所不可能拥有的情绪和行动。在群体中，愚蠢、无知和嫉妒的人们不会感觉到微不足道，或是无力回天，而是会感觉到一种残忍、短暂又巨大的力量。

不幸的是，群体的这种夸张倾向，常常作用于一些恶劣的情感。这些情感是原始人类本能隔代遗传的残留，孤立且负责的个体因为担心受罚，而不得不对它们有所约束。因此，群体非常容易做出极为恶劣的勾当。

不过，这并不意味着，群体没有能力在巧妙的影响之下，表现出英雄主义、献身精神或是最崇高的美德。恰恰相反，他们完全可能比孤立的个体更容易表现出这些特质。当我们研究群体的道德时，我们很快就会有机会回到这个话题上来。

群体在情感上习惯于夸张，因此它只受极端情感的影响。一个演说家想要感动群体，就必须出言不逊、信誓旦旦，同时，夸大其词、言之凿凿、不断重复，并且绝不以说理的方式证明任何事情——这些都是公共集会上的演说家们惯用的论证伎俩。

此外，对于自身的英雄情感，群体也会做出类似的夸张。英雄所表现出来的品质和美德,肯定总是被群体无限夸大。早就有人正确的指出,观众们要求舞台上的英雄具有现实生活中所不可能存在的勇气、道德和美德。

在剧场里观察事物的特殊立场,早就有人正确认识到了它的重要性。这种立场无疑是存在的,但是它的规则与人的常识和逻辑,基本上没有相同之处。要吸引群体的艺术当然必须品位低下,不过这也需要特殊的才能。通过解读剧本来解释一出戏的成功,是不可能的。剧院经营者在接一部戏的时候并不知道它是否能够取得成功,因为如果想要对这一点作出判断,首先必须能够将自己变成观众。

在这里,我们可以再一次做出一个更为广泛的解释。我们会说明种族因素的压倒性影响。一部在某国掀起热潮的戏剧,在另一个国家却没有取得成功,或是只取得部分的或平常的成功,是因为它没有能够产生作用于另一些公众的影响力。

我没有必要再补充说,群体的夸张倾向仅仅作用于感情,对智力不起任何作用。我已经表明,个体一旦成为群体的一员,他的智力就会立刻大大下降。塔尔德先生,一个博识的地方官员,在他做关于犯罪群体的研究时,也证实了这一点。群体仅仅能够把情感提升到极高,或者相反,将之降低到极低的境界。

（4）群体的偏执、专横和保守

群体仅仅知道简单和极端的感情，提供给他们的各种意见、想法、信念，他们或者视为真理全盘接受，或者当成谬误一概拒绝。用暗示的办法加以诱导比作出合理解释的信念往往更容易被接受。与宗教信仰有关的偏执及其对人们头脑实行的专制统治，早就为大家所认知。

对何为真理何为谬误从来不容许怀疑，另一方面，又清楚的意识到自己的强大，群体便给自己的理想和偏执赋予了专横的性质。一个人可以接受矛盾，进行讨论，而一个群体永远都不会这么做。在公共集会上，演说家哪怕是作出最轻微的反驳，就会立刻招来一片怒吼和粗野的谩骂声。在一片嘘声和驱逐声中，演说家很快就会败下阵来。当然，如果现场不缺少当权者代表这种约束性因素，反驳者往往也会被溺杀在摇篮中。

专横和偏执是各种类型的群体所表现出来的共性，但是其强度各有不同。在这个方面，支配人们感情和思想的基本的种族观念，便会一再表现出来。尤其是在拉丁民族的群体中，表现出了最高程度的专横和偏执。事实上，这两种态度在拉丁民族群体中的发展，已经彻底破坏了盎格鲁-萨克逊人所具有的那种强烈的个人独立感情。拉丁民族群体只关心他们所属宗派的集体的独立性，他们对独立有着自己的理解，认为必须让那些与他们意见不同的人立即强烈地反对自身的信念。在各拉丁民族间，自宗教法庭时代以来，各个时期的雅各宾党人，对自由从未能够有另一种理解。

专横和偏执使群体拥有认识明确的感情，他们很容易产生这种情感，而且只要有人在他们中间煽动这种情感，他们随时都有可能会将其付诸实施。群体对强权俯首帖耳，却很少为善良而触动，他们认为那只不过是软弱可欺的另一种形式。他们的同情心从不听命于温和的主子，只向严厉欺压他们的暴君低头。他们总会为后者塑起最壮观的雕像。的确，他们会践踏被他们剥夺了权力的专制者，但是这只是因为失势之后他变成了一介草民，他受到蔑视是因为他不再让人感到畏惧。群体喜欢的英雄常常是恺撒这种类型的。他的荣耀吸引着他们，他的权力震慑着他们，他的利剑让他们心怀敬畏。

群体随时会反抗软弱可欺者，在强权面前却卑躬屈膝。如果强权时断时续，而群体又常常屈服于他们的极端情感，群体便会表现得反复无常，时而无法无天，时而低声下气。

然而，如果以为群体中的改革本能处于主导地位，那就是完全曲解了它们的心理。在这一点上欺骗我们的，不过是它们暴力的倾向。它们的反叛和破坏行为的爆发常常是十分短暂的。群体强烈地受着无意识的因素所支配，因此，它们很容易屈从于世俗的等级制，而难免会表现得十分保守。一旦对它们撒手不管，它们很快就会厌倦无序感，而本能的变成奴才。当波拿巴压制了一切自由，让每个人都对他的铁腕有切肤之感时，向他发出欢呼的正是那些最桀骜不驯的雅各宾党人。

如果没有充分考虑群体深刻的保守本能，就很难理解历史，尤其是民众的改革。不错，它们可能希望改朝换代，为了取得这种变革，它们有时甚至会发动暴力革命，然而这些制度在本质上仍然反映着种族对等级制的需要，因此它们不可能得不到种族的服从。群体的多变，只会影响到非常表面的事情。其实，它们和原始人类一样，有着不可摧毁的保守本能。它们对一切传统的迷恋和崇敬是绝对的；它们对所有一切有可能改变自身基本生活状态的新奇事物，有着根深蒂固的无意识的恐惧。在发明纺织机或出现蒸汽机和铁路的时代，如果民主派掌握着他们今天拥有的权力，这些发明将不可能得以实现，或者至少要付出革命和不断杀戮的代价。值得庆幸的是，对于文明的进步而言，群体总是在最伟大的科学发明和工业出现以后，才开始逐渐掌握权力。

(5) 群体的道德

如果“道德”一词指的是持久地尊重一定的社会习俗，不断抑制私心的冲动，那么显然可以说，由于群体太好动，太多变，因此它不可能是道德的。相反，如果我们把某些一时表现出来的品质，比如舍己为人，自我牺牲，不计名利，无私奉献和渴望平等，也算作“道德”的内容，我们则可以说，群体会经常体现出很高的道德境界。

少数研究过群体的心理学家们，仅仅着眼于他们的犯罪行为，在看到经常发生这些犯罪行为之后，他们得出结论：群体的道德标准十分恶劣。

——这种情况当然经常存在。但是为什么会这样呢？这只不过是因为我们从原始人类那里继承了野蛮和破坏性的本能，它蛰伏在我们每个人的身上。孤立的个体在生活中满足自己的本能是非常危险的，但是当他融入到一个不负责任的群体时，因为他确信自己不会受到惩罚，他就会彻底放纵这种本能。在生活中，我们不能向自己的同胞身上发泄这些破坏性的本能，便把它发泄在了动物身上。群体捕猎的热情和凶残，有着同样的根源。群体慢慢杀害没有反抗能力的牺牲者，展现了一种十分懦弱的残忍。不过在哲学家看来，这种残忍，与十几个猎人聚集成群用猎犬追捕和杀死一只不幸的鹿时所表现出来的残忍，有着非常密切的关系。

群体可以谋杀，纵火，乃至无恶不作，但是它也表现出了非常崇高的献身精神，以及牺牲自我和不计名利的举动，这些行为是孤立的个体根本无法做到的极其高尚的行为。以名誉，荣耀，爱国主义作为号召，最容易影响群体中的个体，而且常常能达到让人慷慨赴死的地步。像十字军远征和 1793 年的志愿者一般的例子，在历史上可谓是数不胜数。只有集体能够表现出伟大的不计名利和献身精神。为了一知半解的信仰、观念和只言片语，群体会英勇地面对死亡，这样的事例不计其数。不断举行示威的人群，更有可能是为了服从一道命令，而不是为了增加微薄的薪水来养家糊口。私人利益是孤立个体行为的唯一强有力的动机，却很少是群体行为的强大动力。在群体智力难以理解的许多战争中，支配群体的肯定不是他们的个人利益，而在这些战争中，他们甘愿被人屠杀，就像是被猎人施了催眠术的小鸟。

即使是在一群罪大恶极的坏蛋中间，经常也会出现这样的情况，仅仅因为他们是一个群体，便会暂时表现出非常严格的道德纪律。泰纳呼吁人们注意一个事实，"九月惨案"的罪犯把他们从牺牲者身上找到的钱包和钻石放在会议桌上，本来他们是很容易把这些东西据为己有的。1848年革命期间，在占领杜伊勒利宫时呼啸而过的群众，并没有染指那些让他们兴奋不已的物品，尽管其中的任何一件对他们而言都意味着长久的面包供应。

群体对个人的这种道德净化作用，并不是不变的规律，却是我们经常能够看到。也有些情况并不像我刚刚所说的那么严重。我前面说过，在剧院中，群体要求作品中的英雄有着夸张的美德，一般也可以看到，一次集会，即使集会的成员品质极其低劣，也通常会表现得一本正经。放荡不羁的人、拉皮条的人和粗俗不堪的人，在有些危险的场合或交谈中，也经常会一下子变得细声细语，虽然与他们习惯了的谈话相比，这种场合并不会造成更多的伤害。

虽然群体经常纵容自己的低级本能，但是他们也不时树立起崇高道德行为的典范。如果群体不计名利，顺从和彻底地奉献于一个真正的或虚幻的理想，都可以算做美德，那么也可以说，群体经常具备这样的美德，而且它所达到的水平，即使最聪明的哲学家也很难望其项背。毫无疑问，它们是在无意识地实践着这些美德，然而这无碍于大局。我们不应该对群体求全责备，说它们经常受无意识因素的支配，而且不善于推理。在某些情况下，如果它们开动脑筋考虑起自己的直接利益，很有可能文明就会从我们这颗星球上消失，而人类也就不会再有自己的历史了。

第三章　群体的观念、推理与想象力

提要：(1) 群体的观念。基本观念和次要观念；高深的观点必须要经过改造后才能够被群众所接受；观念的社会影响与它是否包含真理毫不相干；(2) 群体的理性。群体不会受理性影响；群体只有十分低下的推理能力；群体所接受的观念只有表面上的相似性或连续性；(3) 群体的想象力。群体具有强大的想象力；群体只会形象思维，这些形象之间没有任何的逻辑关系；群体易受神奇事物的影响；传奇和神奇事物是文明的真正支柱；民众的想象力经常是政客权力的基础;能够以事实触发群体想象力的方式。

(1) 群体的观念

在前一本著作中,我们在研究群体观念对各国发展的影响时,就已经指出,每一种文明都是屈指可数的几个基础观念的产物,这些观念很少受到革新。我们已经表述过这些观念在群体心中有多么得根深蒂固,影响这一过程是多么得困难,以及这些观念一旦得到实行所具有的力量。最后,我们看到的历史大动荡正是这些观念变化所引发的结果。

我们已经用大量的篇幅讨论了这个话题,因此现在我不会旧话重提。在这里,我只想简单谈一谈群体所能够接受的观念这一问题,以及他们理解和领会这些观念的方式。

这些观念可以分为两类。一类是那些由一时的环境影响所创造出来的偶然和短暂的观念,比如那些只会让个人或者某种理论研究者着迷的观念。另一类便是基本的观念,它们因为环境、遗传法则和公众意见而具有很强的稳定性。这类观念包括过去的宗教观念和现在的社会和民族观念。

这些基本的观念像一条溪流中的大量流水,缓慢寻找着它的道路;而瞬时性观念则像些小波浪,在表面晃动,一直变化,虽然不是多么重要,但它比溪流的过程要表现得更为明显。

如今,那些被我们父辈视为人生支柱的伟大的基本观念,正在摇摇欲坠。它们的稳定性已经消失殆尽,同时,以它们为基础而建立的制度也受到了严重动摇。每天,人们会形成许多我们刚刚提到的这种瞬时性的观念,但是看起来它们很少具有生命力,并且很少能够发挥出持久的影响。

给群体提供的无论是什么观念,只有当它们具有绝对的、毫不妥协和简单明了的形式时,才有可能产生有效的影响。因此,它们都会披上形象化的外衣,也只有以这种形式才能接近大众,为他们所接受。在这些形象化的观念之间,没有任何逻辑上的相似性或者连续性,它们可以互相取代,就像操作者从幻灯机中取出一张又一张叠在一起的幻灯片一样。这就能够解释为什么最矛盾的观念能在群体里同时流行。随着时机的不同,群体会处于它的理解力所能企及的不同观念之一的影响之下,因此群体能够干出大相径庭的事情。群体完全缺乏批判精神,因为它根本感觉不到这些矛盾。

这个现象并不是群体所特有的。很多孤立的个体,不仅仅是野蛮人,也包括在智力的某个方面接近原始人的所有人,例如宗教信仰上的狂热宗派成员，在他们身上都可以看到这种现象。有些非常有修养的印度人，在我们欧洲的大学学习并获得了学位，我竟然看到他们也表现出这种现象，这非常令人费解。大量的西方观念已经附加在他们那一成不变的、基本的传统或者社会观念上。根据不同的场合，这一套或者那一套的观念就会表现出来，并伴随着相应的言谈举止，这会让同一个人表现得极其矛盾。不过，这些矛盾与其说真正存在，不如说只是一种表面现象。因为只有世代相传的观念才能对孤立的个人产生足够的影响，变成他的行为动机。只有当一个人因为不同种族通婚而处于不同的传统倾向之间时，他的行为才会真的不时表现得截然对立。这些现象虽然在心理学上非常重要，但是在这里纠缠它们并无益处。我的观点是：要想充分理解它们，至少得花上个十年时间去周游各地，进行深入细致的观察。

观念只有采取简单明了的形式，才能被观众所接受，因此它必须经过一番彻底的改造，才能够变得通俗易懂。尤其是当面对一些高深的哲学或是科学观念时，我们发现，为了适应群体低下的智力水平，要对它们进行多么深刻的改造。这些改造取决于群体或群体所属种族的性质，但是一般趋势都是将观念低俗化和简单化的过程。这解释了一个事实，从社会角度看，现实中很少存在观念的等级，也就是说，很少存有高下之分的观念。然而，无论一个观念在刚出现时是多么的伟大或是真实，然而，仅仅因为它进入了群体的智力范围并对它们产生影响，它那些高深或伟大的成分便会被剥夺殆尽。

不过，站在社会角度来看，一种观念的等级价值，也就是它所固有的价值并不重要，必须考虑的是它所产生的效果。中世纪的基督教观念，上个世纪的民主观念，或者现今的社会主义观念，在理论上讲都不是十分高明。从哲学角度考虑，它们只能算是一些令人扼腕的错误，然而它们的威力却巨大无比。在未来的很长时间内，它们将是决定各国行动的最基本的因素。

甚至为了适应群体的接受程度，一个观念在经过了彻底的改造之后，它也只有进入一种无意识的领域，变成一种情感——这需要很长的时间——才会产生影响，其中涉及的种种过程，我们将在下文中予以讨论。

切莫以为，仅仅因为一种观念是正确的，它便会至少能够在一群有教养的人的头脑中产生作用。只要看一下最确凿的证据对大多数人的影响是多么得微不足道，就可以立刻搞清楚这个事实。如果是十分明显的证据，便至少能够为一群有教养的人所接受，但是信徒们很快便会被无意识的自我重新带回到原先的理念。人们将看到，在一段时间过后，他会用同样的语言重新提出他过去的证明。实际上，他仍受先前的观念影响，那些观念已经变成了一种情感；只有它们是影响着我们言行举止的最隐秘的动机。群体中的情况也不会例外。

通过各种不同的过程，观念深入到群体的思想中，并产生了一系列的影响，和它对抗是徒劳无功的。引发法国大革命的那些哲学观念花了近一个世纪才根植于群体心中，然而，一旦它们变得根深蒂固，就会产生不可抗拒的威力。整个民族为了社会平等、为了实现抽象的权利和理想主义的自由而做出的不懈奋斗，会使得所有的王室都摇摇欲坠，使得西方世界陷入深刻的动荡之中。20 年间，国与国之间陷入两败俱伤的争斗，欧洲出现了连成吉思汗看了都会胆战心惊的大屠杀。世界上还从未见过因为一种观念的传播而引起如此大规模的悲剧性后果的现象。

让观念在群众头脑里扎根需要花费很长一段时间，而根除它们所需要的时间同样不短。因此，就观念而言，群体总是比博学之士和哲学家们落后好几代。现今，所有的政客都十分清楚，我刚才提到的那些基本的观念中混杂着错误，然而由于这些观念的影响力依然十分强大，他们也不得不依据自身已不再相信的真理中的原则进行统治。

（2）群体的理性

固然，不能武断地说，群体没有理性，或者不受理性的影响。

然而，群体所接受的论证，以及能够影响它们的论证，从逻辑角度来讲，完全属于十分拙劣的一类，因此把它们称作推理，只能看成是一种比喻。

群体所基于的拙劣的推理能力，和高级的推理一样，也需要借助于观念，但是，在群体所采用的各种观念之间，只存在着表面的相似性或者连续性。群体的推理模式类似于爱斯基摩人的方式，他们从经验中得知：冰，这种透明的物质放到嘴里会融化。于是认为同样是透明物质的玻璃，放到嘴里也应该融化；他们又像野蛮人，以为吃掉一个勇敢的敌人的心脏，他们就能变得同样勇敢；或者像一些被雇主榨取劳动力的苦力，当下便认为天下所有的雇主都在剥削他们。

群体推理的特点，是把彼此只是在表面上相似而本质完全不同的事物搅在一起，并且立刻把具体的事物普遍化。知道如何操纵群体的人，为他们所提供的也正是这种论证。它们是能够影响群体的唯一论证。群体完全无法理解一系列的逻辑论证，因此不妨说，它们并不推理或者只会进行错误的推理，也不会接受推理过程的影响。读读某些著名的演讲辞，其中的漏洞经常令人感到异常吃惊，然而它们对听众却有着巨大的影响力。人们常常忘记了重要的一点，那就是：它们并不是让哲学家阅读的，而是用来说服群体的。同群体有着密切交流的演说家，能够利用对群体有诱惑力的形象激发群体成员。如果他成功了，他就会取得了观众的信任，二十篇长篇大论——经常是冥思苦想的产物——还不如几句对它试图说服的头脑有号召力的话。

没有必要进一步指出，群体无法进行正确推理，因此它们也无法表现出批判精神，也就是说，它们不能够辨别真伪，或者对事物形成准确的判断。群体所接受的判断，仅仅是强加给它们的判断，而不是经过讨论之后所采纳的判断。在这个方面，无数个人比群体的水平也高不了多少。某种意见轻而易举就得到了普遍的认可，更多的是因为大多数人感到，他们不可能依据自己的推理而形成独特的观点。

(3) 群体的想象力

正像丧失了推理能力的人一样，群体形象化的想象力非常强大，并且异常活跃、敏感。一个人，一件事，或一次事故，都能够激发他们脑海里的形象，而且全都栩栩如生。在某种程度上，群体就像个昏睡的人，暂时被剥夺了推理能力，因此在他的头脑中能产生出极为密集的形象，但是只要他开始思考，这些形象就会迅速消失。既然群体没有思考和推理能力，他们也就从不认为世上还有什么做不到的事情。一般而言，他们也会认为，最不可能的事情便是最惊人的事情。

这就是为什么事件中不同寻常的、传奇式的一面特别能够打动群体。实际上，当一种文明被分析，我们就会发现，使它得以存在的基础真的是那部分充满神奇色彩的内容。在历史上，表象通常起着比真相更重要的作用，不现实的因素总是比现实的因素更重要。只能进行形象思维的群体，也只会对形象有着深刻的印象。只有形象能够恐吓或是吸引住群体，成为他们行为的动机。

因此，最能活灵活现反映人物形象的戏剧表演，总是对群体有着强烈的影响。面包和宏大的表演是古罗马民众理想的幸福享受，除此之外，他们别无他求。时代更迭，这个理想却几乎从来没有改变过。没有什么比戏剧表演更能影响各种类型群体的想象力了。所有观众在同一时间内经历着同样的情感，这些情感没有立刻变成行动，不过是因为最无意识的观众也不会忽视这样的事实：其实他是幻觉的牺牲品，都是那个想象出来的离奇故事让他们又哭又笑的。然而，有时因为形象暗示而产生的情感会表现得极其强烈，因此就像暗示通常所起到的作用一般，它们倾向于把这些暗示转化为行动。这类故事我们时有耳闻：一家有名的剧院的经理，仅仅因为上演了一出让人情绪低沉的戏，不得不在扮演叛徒的演员离台之后为他提供相应的保护，以免受那些对叛徒的罪恶义愤填膺的观众的攻击，尽管那罪行不过是想象的产物。我认为，我们在此看到的是群体的心理状态，尤其是对它们施以影响的技巧有着极其显著的表现，虚幻的因素对他们的影响几乎与现实同等的大。他们有着对两者不加区分的明显倾向。

侵略者的权力和国家的威力，便是建立在群体的想象力上的。在领导群体时，尤其要在这种想象力上下功夫。所有的重大历史事件，佛教、基督教和伊斯兰教的兴起，宗教改革，法国革命，以及我们这个时代的社会主义崛起，都是因为对群体的想象力产生了强烈影响所造成的直接或间接后果。

此外，所有时代和国家的伟大政客，包括最专横的暴君，都把群众的想象力视为他们权力的基础，而且他们从未曾尝试过逆之而治。拿破仑对国会说："我通过改革天主教，终止了旺代战争；通过变成一个穆斯林教徒，我在埃及站住了脚；通过成为一名信奉教皇至上的人，赢得了意大利神父的支持；如果有一天我要统治一个犹太人的国家，我就会重建所罗门神庙。”从亚历山大和恺撒以来，大概从来没有一个伟人能够像拿破仑那样更好地了解怎样去影响群体的想象力。他始终全神贯注在干的事情，就是强烈地作用于这种想象力。在胜利时，在屠杀时，在演说时，在所有的行动中，他都把这一点牢牢记在心中。直到躺在床上都快要咽气时，他依然对此念念不忘。

如何影响群体的想象力呢？我们很快就会知道。这里我们只需说明，要想掌握这种本领，万万不可求助于智力或者推理能力，也就是说，绝对不可以采用论证的方式。安东尼让民众反对谋杀恺撒的人，采用的办法并不是机智的说理，而是让民众意识到他的意志，是用手指着恺撒的尸体。

不管刺激群众想象力的是什么，采取的形式都是令人吃惊的鲜明形象，并且没有任何多余的解释，或仅仅伴之以几个不同寻常或神奇的事实。有关的事例是一场伟大的胜利、一种大奇迹、大罪恶或是大前景。事例必须摆在作为一个整体的群众面前，其来源必须秘不示人。上千次轻微罪行或者小事故，丝毫不会刺激到群体的想象力，然而，一个大罪恶或者一个大事件会深深的震撼他们，即使其所造成的危害与一百次小罪相比不知道要

拿破仑对国会说:“我通过改革天主教,终止了旺代战争;通过变成一个穆斯林教徒,我在埃及站住了脚;通过成为一名信奉教皇至上的人,赢得了意大利神父的支持;如果有一天我要统治一个犹太人的国家,我就会重建所罗门神庙。”

小多少。几年前,流行性感冒仅仅在巴黎就造成了5000多人的死亡,但它对公众的想象力几乎没任何影响。原因是这场大规模的死亡事件没有以某个生动的形象表现出来,人们是通过每周发布的统计信息知道的。相反,如果一次事件造成的死亡只有500人而不是5000人,但它是在一天之内发生于公众面前,也就是说这是一次极其引人瞩目的事件,譬如说是因为埃菲尔铁塔的轰然倒塌,就必定会对群众的想象力产生重大影响。人们因为得不到相关的信息,以为一艘穿越大西洋的汽轮可能已经在海洋中沉没,这一事件对群众想象力的影响持续了整整一周。然而,官方数据显示,仅仅在1894年一年中,就有850艘帆船和203艘汽轮沉没。以造成的生命和财产损失而论,它们比那次大西洋航线上的失事要严重得多,但群体从未曾关心过这些接连不断的事故。

影响民众想象力的,并不是事实本身,而是它们所发生的以及引起注意的方式。如果让我表明看法的话,我会说必须对它们进行浓缩加工,它们才会形成一种令人瞠目结舌的惊人效果。掌握了影响群众想象力的艺术,也就掌握了统治他们的艺术。

第四章　群体信仰所采取的宗教形式

提要：宗教感情的意义并不取决于对某个神的崇拜；它是对神的崇拜的独立性；它的特征；信念的强大是因为它采取了宗教形式；各种例子；民众的上帝从未消失；宗教感情复活所采取的新形式；宗教形式的无神论；从历史角度看这些现象的重要性；历史上的大事件都是群体宗教感情而非孤立的个人意志的结果。

我们已经证明，群体并不进行推理，他们对观念或是全盘接受，或是完全拒绝；对他们产生影响的暗示，会彻底征服他们的理解力，并且使他们倾向于立刻采取行动。我们还证明，只要能够对群体给予恰当的影响，他们会准备好为所信奉的理想去慷慨就义。我们也看到，他们只会产生狂暴而极端的情绪，同情心很快就会演变成爱慕，反感也会很快演变成仇恨。这些一般性的解释，已经给我们揭示了群体信念的性质。

在对这些信念做更为细致的考察时，显然还会发现，不论是在有着狂热宗教信仰的时代，还是在发生了政治大动荡的时代，例如上个世纪的状况，它们总是会采取一种特殊的形式，除了把它称作为宗教感情之外，再没有更好的称呼了。

这种情感有着极其简单的特征，譬如对想象中某个高高在上的人的崇拜，对生命赖以生存的某种力量的畏惧，对命令的盲目服从。虽然没有能力对其信条展开讨论，但传播这种信条的愿望倾向于把不接受它们的任何人都视作为仇敌。这种情感所涉及的不管是一位隐形的上帝、一尊木制的或者石质的偶像，还是某个英雄或是政治观念，只要它具有上述特点，它的本质终归是宗教的。可以看到，它还会在同等程度上表现出超自然和神秘的因素。群体下意识地把某种神奇的力量等同于一时激起他们热情的政治信条或获胜的领袖。

如果一个人只崇拜某个神，他还算不上有虔诚的信仰，只有当他把自己的一切思想资源、一切自愿服从的行为、发自肺腑的幻想热情，全部奉献给一项事业或是一个人，并将其作为自己全部思想和行动的目标与准绳时，才能够说他是一个虔诚的人。

偏执与妄想是宗教感情的必然伴侣。凡是自信掌握了现世或是来世永恒的幸福秘诀的人，难免都会有这样的表现。当聚集在一起的人受到某种信念的激励时，在他们身上也会出现这两个特点。恐怖统治时代的雅各宾党人，骨子里就像宗教法庭时代的天主教徒一样虔诚，他们残暴的激情也有着同样的来源。

群体的信念有着盲目服从、残忍的偏执以及要求狂热的宣传等等这些宗教情感固有的特点，因此可以说，他们的一切信念都具有宗教的形式。受到某个群体拥戴的英雄，在这个群体看来就是一个真正的神。拿破仑当了 15 年这样的神，一个比任何神都更频繁地受到崇拜，更轻松地把人置于死地的神。基督教和异教徒的神，对处在他们掌握中的头脑，也从未实行过如此绝对的统治。

一切宗教或政治信条的创立者之所以能够站得住脚，全都是因为他们成功地激起了群众想入非非的感情，他们使群众在崇拜和服从中，找到了自己的幸福，并随时准备为自己的偶像赴汤蹈火。这在任何时代都无一例外。德·库朗热在论述罗马高卢人的杰作中,正确地指出了维持着罗马帝国的根本不是武力,而是它所激发出来的一种虔诚的赞美之情。他确切地写道:"一种在民众中受到憎恶的统治形式,竟能维持了五个世纪之久,世界史上还不曾有过类似的现象……帝国的区区30个军团,如何能让一亿人俯首帖耳,这真是不可思议。"令人们服从的原因在于皇帝是罗马伟业的人格化象征,他就像神一样受到了全体人民的一致崇拜。在他的疆域之内,即使是最小的城镇也设有膜拜皇帝的祭坛。

"当时,从帝国的一端到另一端,到处都可以看到一种新宗教的兴起,它的神就是皇帝本人。在基督教以前的许多年里,60座城市所代表的整个高卢地区,都建起了和里昂城附近的庙宇相似的纪念奥古斯都皇帝的神殿……其祭司由统一的高卢城市选出,他是当地的首要人物……把这一切归因于畏惧和奴性是不可能的。整个民族不可能全都是奴隶,尤其不可能成为长达三个世纪的奴隶。崇拜君主的并不是那些廷臣,而是整个罗马;不仅仅是整个罗马,还有高卢地区、西班牙、希腊和亚洲。"

如今,大多数支配着人们头脑的大人物已经不再设立圣坛,但是他们还有雕像,或者他们的赞美者手里还有他们的画像,以

德·库朗热在论述罗马高卢人的杰作中，正确的指出了维持着罗马帝国的根本不是武力，而是它所激发出来的一种虔诚的赞美之情。

他们为对象的崇拜行为，与他们的前辈所得到的相比毫不逊色。只要深入研究一下群众心理学的这个基本问题，即可破解历史的奥秘。群众不管需要别的什么，他们首先需要的是一个上帝。

千万不可以认为，这些事情不过是过去时代的神话，早已被理性彻底清除。在同理性永恒的冲突中，失败的从来就不是感情。群众固然已经听不到神或宗教这种词，过去，正是以它们的名义，群众长期遭受着奴役。但是在过去的一百多年里，他们从未拥有过如此众多的崇拜对象，古代的神也无缘拥有如此多的受到崇拜的塑像和圣坛。近年来，研究过大众运动的人都知道，在布朗热主义的旗号下，群众的宗教本能是多么容易就会复活。在任何一家乡村的小酒馆里，都会找到这位英雄的画像。他被赋予了匡扶正义铲除邪恶的全部特权，成千上万的人会为他献出生命。如果他的性格与他传奇般的名望不相上下，他肯定能在历史上占据伟人的地位。

由此可见，断言群众需要宗教，实在是一个十分无用的老生常谈，因为一切政治、神学或者社会信条，要想在群众中扎根，都必须采取宗教的形式，都必须采取能够把危险的讨论排除在外的形式。即便有可能使群众接受无神论，这种信念也会表现出宗教情感中所有的偏执和狂热，它很快就会表现为一种崇拜。实证主义者这个小宗派的演变，为我们提供了一个不同寻常的例证。同阳斯安耶夫斯基这位深刻的思想家的名字联系在一起的虚无主义者，发生在他们身上的事情，很快也会发生在实证主义者身上。他在某一天受到了理性之光的启发，撕碎了小教堂祭坛上的一切神仙和圣人的画像，他吹灭蜡烛，立刻用无神论哲学家——如比希纳和莫勒斯霍特的著作代替了那些被破坏了的物品，然后他又虔诚地点燃了蜡烛。他的宗教信仰的对象变了，然而真的能说他的宗教感情也变了吗？

我要再说一遍，除非我们研究群体信念长期采取的宗教形式，否则便不可能理解一些肯定十分重要的历史事件。对某些社会现象的研究，更需要着眼于心理学的角度，而不是自然主义的角度。史学家泰纳只从自然主义角度研究法国大革命，因此他往往看不到一些事件的起源。他对事实有充分的讨论，然而依据研究群体心理学的要求来看，他并不总是能够找出大革命的起因。事件中血腥、混乱和残忍的一面让他感到惊恐，但是他从那部伟大戏剧的英雄们身上，很少能够看到还有一群癫狂的野蛮人肆意妄为，对自己的本能丝毫不加约束。这场革命的暴烈，它的肆意屠杀，它对宣传的需要，它向一切事物发出的战争宣言，只有当认识到这场革命不过是一种新的宗教信仰在群众中的建立时，才会得到恰当的解释。宗教改革、圣巴托洛缪的大屠杀，法国的宗教战争，宗教法庭、恐怖时期，都属于同类现象，都是受宗教感情激励的群众所为，凡是怀有这种感情的人，必然会用火与剑去清除那些反对建立新信仰的人。宗教法庭的办法，是一切有着真诚而不屈信念的人所采用的办法。假如他们采用了别的办法，他们的信念也就不该得到这样的评价了。

像我刚才提到的这些大事件，只有在群众的灵魂想让它们发生时，它们才有可能发生。即使最绝对的专制者也无法制造这种事件。当史学家告诉我们圣巴托洛缪惨案是一个国王所作所为时，他们对群体心理表现得与君王们一样无知。这种命令只能由群体的灵魂来贯彻。握有最高的绝对权力的最专制的君主，充其量也只能加快或延缓其显灵的时间。圣巴托洛缪惨案或宗教战争，并不完全是国王们所为，就像恐怖统治不完全是罗伯斯庇尔、丹东或圣鞠斯特所为一样。在这些事件的深处，我们总是发现，在其中起作用的绝不是统治者的权力，而是对群体灵魂的运作。

第二卷　群体的意见和信念

第一章　群体意见及信念的间接因素

提要:群体信念的准备性因素。(1) 种族。它的影响至关重要;代表了先祖的建议。(2) 传统。种族精神的综合反映;传统的社会意义;它失去了必要性后会成为有害因素;群体是传统最坚定的维护者。(3) 时间。它建立信念,也破坏信念;在它的帮助下从无序走向有序。(4) 政治和社会制度。错误的认识;它们的影响力极弱,它们是结果,而不是原因;各民族不能选择他们最好的制度;相同的制度名称下掩盖着最不相同的东西;理论上不好的制度，如中央集权制，对某些民族却是必要的。(5) 教育。关于教育影响群体的错误观点；统计学的说明；拉丁民族教育制度的不良影响；部分教育可能有用；不同民族所提供的事例。

在研究过群体的精神结构之后，我们了解了它的感情、思维以及推理方式，现在让我们来看看它的意见和信念是如何形成的。

决定这些意见和信念的因素分为两类：间接因素和直接因素。

间接因素是指这样一些因素：它能够使群体接受某些信念，并且使其再也难以接受其他的信念。这些因素为以下情况的出现奠定了基础：突然间冒出的一些威力和结果都令人震惊的新观念，虽然他们的自发性只不过是一种表象。某些观念的暴发及被付诸行动，有时显得十分突然。然而这只是一种表面结果，在它背后一定能寻找到一种延续很久的准备性力量。

直接因素是指这样一些因素：伴随着上述长期性准备工作的延续，它们能够成为实际说服群体的资源。不过，若是没有了那种准备性工作，它们也不会发生作用的。这就是说，它们是使观念采取一定形式并且能够产生一定结果的因素。集体突然开始加以贯彻的方案，就是由这种直接因素引起的。一次骚乱的爆发，或一个罢工决定，甚至民众授予某人权力去推翻政府，都可归因于这种因素。

在所有重大的历史事件中，都可以发现这两种因素相继发生作用。这里仅以一个最令人震惊的事件为例，法国大革命的间接因素包括哲学家的著作、贵族的苛捐杂税以及科学思想的进步。有了这些准备，群众的头脑便很容易被演说家的演讲以及朝廷用微不足道的改良进行的抵抗所激怒。

有些间接因素具有普遍性，可以看出，它们是群体一切信念和意见的基础。这些因素就是种族、传统、时代、各种典章制度和教育。

现在我们就来研究一下这些不同因素的影响。

（1）种族

种族的因素必须被列在第一位，因为它的重要性远远超出了其他因素。我在另一本著作中曾对它进行过充分的研究，故无须再做详细的讨论。在那本著作中，我说明了一个历史上的种族有什么特点，以及它一旦形成了自己的特性后，作为遗传规律的结果，它便具有了这样的力量：它的信仰、制度和艺术。总之，它文明中的一切成分，仅仅是它的气质的外在表现。我们指出，种族的力量具有这样的特点，没有任何要素在从一个民族传播给另一民族时，不会经历深刻的变化。

环境和各种事件代表着一时的社会暗示性因素，它们可能有相当大的影响，但这种影响如果与种族的建议因素相对立，也就是说，如果它与一个民族世代继承下来的因素相反，它便只能是暂时的。

我们在本书下面的一些章节里，还会不时触及种族的影响，我们会说明，这种影响是何等强烈，它又是如何决定着群体气质的特征。这一事实造成的后果是，不同国家的群体表现出相当不同的信念和行为，受到影响的方式也各不相同。

（2）传统

传统代表着过去的观念、欲望和情感。他们是种族的综合产物，并对我们有着重大影响。

胚胎学证明了时间对生物进化能够产生巨大的影响，随后生物科学便发生了变化；假如这种理论传播得更广，历史科学也会出现相类似的变化。然而，到目前为止，它尚未得到足够广泛的普及，把许多政客同上个世纪的理论家相比，他们仍然高明不到哪里去，他们相信社会能够和过去决裂，完全只按照理性之光指引的道路前进。

一个民族是在历史中所形成的有机体，所以，就像其他有机体一样，它只能在缓慢的遗传积累的过程中发生变化。

传统支配着人们，当他们形成群体时，就更是如此了。他们给传统轻易造成的变化，正如我一再重复的那样，仅仅只是一些名称和外在的形式而已。

对于这种状况不必感到遗憾。不管是民族气质还是文明，脱离了传统，都不可能存在。因此，自从人类诞生以来，它便一直有两大关切，一是建立某种传统体系，二是当传统带来的有益成果消耗殆尽时，人类社会便努力摧毁这种传统。没有传统，文明就变得不可能；没有对这些传统的破坏，进步也是不可能的。有个困难，极其严重的困难，就是如何在稳定与变化之间取得平衡。如果某个民族的习俗过于根深蒂固，他将再也不能改变，像中国一样，变得不能改进。暴力革命在这种情况下也无济于事。因为由此造成的结果，要么是被打碎的锁链重新再连接起来，让整个过去原封不动的重现，要么是对被打碎的事物置之不理，衰败很快就被无政府状态所取代。

因此，对于一个民族来说，理想的状态就是保留过去的制度，只用不易被察觉的方式一点一滴地加以改进。这个理想是不易实现的。几乎只有古罗马人和近代的英国人使它成为可能。

正是群体，死守着传统观念不放，并且极其顽固地反对变革传统观念。有地产的群体就更是如此。我坚信群体具有保守主义精神，并且最狂暴的反叛最终也只是一些口头上的变化。上世纪末，教堂被毁，教士或被驱逐出国，或被送上断头台，人们也许以为，旧日的宗教观念就此失去了威力。其实没过几年，为了顺应普遍的要求，遭禁的公开崇拜制度又被建立了起来。

旧传统暂时被消灭了，之后又卷土重来。

没有什么事例能够更好的反映出传统对群体心理的影响。最不受怀疑的偶像，并不是住在庙堂之上，也不是宫廷里那些专制的暴君，他们瞬间就被人打碎。正是那些看不见的主人，支配着我们内心最深处的自我，它可以安全地躲避开一切反叛，却只能在数百年的时间里慢慢地被消磨。

（3）时间

时间对于社会问题就像对于生物科学一样，是最有力的因素之一。它是唯一的真正创造者，也是唯一的伟大毁灭者。积土成山需要时间，从地质时代模糊难辨的细胞发展到产生出高贵的人类，一样需要时间。数百年的作用足够改变一切固有的现象。因此，人们有理由坚信，如果给蚂蚁充足的时间，把勃朗峰夷为平地也是可能的。但凡有人掌握了随意改变时间的魔法，他就具有了信徒们赋予上帝权力了。

不过，在这里我们只探讨时间对群体形成意见的影响。从这一点上说，它的影响也是巨大的。一些重大的要素，譬如种族，也取决于它，没有它便无法形成。它导致一切信仰的诞生、成长和死亡。它们依靠时间获得力量或失去力量。

具体而言，是时间准备了群体的意见和信念，或者它至少为他们准备了生长的土壤。一些观念可能在一个时代实现，在另一个时代却不可能，原因就在这里。是时间把各种信仰和思想的碎屑堆积起来，从而使得某个时代能够产生出它的观念。这些观念的产生并不是像掷骰子一样全靠运气，它们都是深深地根植于漫长的过去。当它们开花结果时，是时间为它们做好了准备。如果想了解它们的起源，就只能回顾过往。它们既是历史的女儿，也是未来的母亲，然而，它们永远是时间的奴隶。

因此，时间才是我们最可靠的主人，为了能看到一切事物发生的变化，就要让它自由地发挥作用。今天，面对群众可怕的抱负以及他们所预示的破坏和骚乱，我们深感不安。要想恢复平衡，除了依靠时间，别无他法。正如拉维斯先生所言："没有哪种统治形式可以一夜之间建立起来。政治和社会组织是需要数百年才能够打造出来的产物。封建制度在建立起它的典章之前，同样经历了数百年毫无秩序的混乱。绝对君权也是在存在了数百年后，才找到了统治的成规。这些等待的时期都是极为动荡的。"

（4）政治和社会制度

制度可以改正社会的弊端，国家的进步是改进制度和统治所带来的结果，社会的变革可以通过各种命令来实现，我认为这些想法仍然可以得到普遍的赞同。它们是法国大革命的起点，并且，目前的各种社会学说也仍然以它为基础。

最具连续性的经验也始终没有能动摇过这个重大的谬见。

哲学家和史学家们徒然地想证明它的荒谬，不过他们倒是可以不费力地证明各种制度都是观念、感情和习俗的产物，而观念、感情和习俗并不会随着法典的改写而被一并改写。一个民族不能随意选择自己的制度，就像它不能随意地选择自己头发和眼睛的颜色一样。制度和政府都是种族的产物，它们不是某个时代的创造者，而是由这个时代所创造。对各民族的统治，并不是由他们一时的胡思乱想所决定，而是他们的性质决定了他们要被统治。一种政治制度的形成需要上百年的时间，改造它同样需要如此。各种制度并没有固有的优点，就它们本身而言，它们无所谓好坏。因为在特定的时刻对一个民族有益的制度，对另一个民族也许是极为有害的。

进一步来说，一个民族不可能真正改变它的各种制度。毫无疑问，以暴力革命为代价，它可以改变其名称，但是其本质依然如故。名称不过是些无用的符号，历史学家在深入到事物的深层时，很少需要在意它们。正因为如此，英国这个世界上最民主的国家仍然生活在君主制的统治下，而经常表现得十分嚣张且最具压迫性的专制主义，却存在于那些原属于西班牙的美洲共和国，尽管它们都有共和制的宪法。决定着各民族命运的是它们的性格，而不是它们的政府。我曾在前一本书中，通过提出典型事

正因为如此，英国这个世界上最民主的国家仍然生活在君主制的统治下，而经常表现得十分嚣张的最具压迫性的专制主义，却是存在于那些原属于西班牙的美洲共和国，尽管它们都有共和制的宪法。

例来证实这一观点。

因此，把时间浪费在炮制俗套的宪法上，结果就像是幼稚的把戏，是无知的修辞学家们所做的无用功。必要性和时间承担着完善宪政的责任，对我们来说比较明智的做法，就是让这两个因素发挥作用。这就是盎格鲁-撒克逊人所采用的办法，正像他们伟大的史学家麦考利在一段文字中所告诉我们的一般，拉丁民族各国的政客们，应当由衷的学习这种方法。他指出，法律所能取得的一切好处，从纯粹理性的角度看，所表现的纯属荒谬与矛盾，他之后又对拉丁民族一拥而上发疯般制定出来的宪法文本与英国的宪法进行了比较。他指出，后者总是一点一滴逐步地发生变化，影响来自必要性，而不是来自思辨式的推理。

从来不考虑是否严谨对称，更多的只是考虑它是否方便实用；从来不只是因不一致而去消除不一致；除非感到有所不满，不然绝对不加以变革；除非能够消除这种不满，否则绝对不进行革新；除了针对具体情况必须提供的条款之外，绝对不制定任何范围更大的条款——这些原则，一直支配着从约翰国王直到维多利亚女王的时代近 250 年的议会，使它变得从容不迫。要想说明各民族的法律和各项制度在多大程度上表达着每个种族的要求，是没有必要对它们进行粗暴的变革，而要对它们逐一地进行审查。

例如，对集权制的优点和缺点，可以集中在哲学上进行考量。然而，一方面我们看到，一个由不同种族构成的国民用了一千年时间来维护这种集权制；另一方面，我们又看到，一场目的在于摧毁过去一切制度的大革命也不得不尊重这种集权制，甚至使它得到了进一步强化。在这种情况下，我们就该承认它是迫切需要的产物，承认它是这个民族的生存条件。对于那些奢谈要毁掉这种制度的政客，我们应当同情他们可怜的智力水平。如果他们碰巧做成了这件事，他们的成功立刻会预示着一场残酷的内战，而这又会随即带来一种比旧政权更具压迫性的新的集权制度。

综上所述，我们得出的结论就是：深刻影响群体特质的方法，在制度中是找不到的。我们看到，有些国家譬如美国，在民主制度下取得了高度繁荣，而另一些国家，譬如那些西班牙人的美洲共和国，在极为相似的制度下，却生活在可悲的混乱状态之中。这时我们就得承认，这种制度与一个民族的伟大和另一个民族的衰败都是毫无关联的。各民族都是受着它们自己的性格支配的，凡是与这种性格不合的模式，都只不过是一件借来的外衣，是一种暂时的伪装。毋庸置疑，为强行建立某些制度而进行的血腥战争和暴力革命一直都在发生，而且还将继续发生。人们就像对待圣人的遗骸一样对待这些制度，赋予这些制度以创造幸福的超自然能力。因此，从某种意义上说，是制度反作用于群体的头脑，它们才引发了这些大动荡。然而，制度并不是以这种方式产生了反作用，因为我们知道，不管成功或失败，它们本身并没有以这种方式产生反作用，因为它们本身并不具有那样的能力。影响群众头脑的是各种幻想和词语，尤其是词语，它们的强大一如它们的荒诞，我们将在后面简单地揭示一下它们令人吃惊的影响。

（5）教育

在当今时代的主导思想中，在各种改变人们的因素中，居于首位的是教育，它会万无一失地改造他们，甚至把他们变成平等的人。这种主张不断地被重复，仅这个事实就能够让它最后成为最坚固的民主信条。现在要是想击败这种观念，就像过去击溃教会的教条一样困难。

但是在这点上，就像在许多其他问题上一样，民族观念与心理学和经验的结论有着深刻的差异。许多杰出的哲学家，包括赫伯特·斯宾塞在内，轻易地证明了，教育既不会使人变得更加道德，也不会使他更加幸福；它既不能改变他的本能，也不能改变他天生的热情，而且有时，仅仅是对其进行的不良引导，就会使得害处远大于好处。统计学家已经为这种观点提供了佐证，他们告诉我们，犯罪伴随着教育，至少是某种教育的普及而增加，社会中的一些最坏的敌人，也可以在学校获奖者的名单上有案可查。一位杰出的官员，阿道夫·吉约先生在最近的一本著作里指出，目前受过教育的罪犯和文盲罪犯的比率是3∶1，在50年的时间里，人口中的犯罪比例从每10万居民227人上升到了552人，即增长了133%。他也像他的同事一样注意到，年轻人犯罪增长得尤其多，这是人尽皆知的事实，法国为了他们，已经用免费义务制教育取代了学徒交费制。

没有人坚持认为，即使是正确引导的教育，也不会产生十分有益的实际结果。即使它不能提升道德水平，至少也会有益于专业技能的发展。不幸的是，拉丁民族把他们的教育制度建立在了十分错误的原则上，尤其是在过去25年里，尽管有些杰出的头脑，如布吕尔、德·库朗热、泰纳等许多人提出了意见，但他们依然坚持着他们的错误。我自己在过去出版的一本书中指出，法国的教育制度把多数受过教育的人变成了社会的敌人，它让无数学子加入了最糟糕的社会主义者的阵营。

这种教育制度可能很适合拉丁民族的特质，它的主要危险来自于，它是以根本上错误的心理学观点为基础的，认为智力可以通过一心学好教科书来提高。根据这个观点，人们强化了许多手册中的知识分量。这样一来，一个年轻人从小学直到离开大学，只能死记硬背书本上的知识，而他的判断力和个人主动性从来派不上用场。受教育对于他来说其实就是背书和服从。

前公共教育部长朱勒·西蒙先生写道："学习一门课程，把一种语法或一篇纲要牢记心中，重复得好，模仿得好。这就是一种十分可笑的教育方式，它的每项努力都是一种信仰的行为，那就是默认教师是绝不可能犯错误的。这种教育的唯一结果，就是贬低自我，呈现我们的无能。"

如果这种教育就只是无用的话，人们还可以对孩子们表示同情，他们虽然在小学里没有从事必要的学习，毕竟还学会了一些科劳泰尔后裔的族谱、纽斯特里亚和奥斯特拉西亚之间的冲突或动物分类之类的知识。但是这种制度的危险要比这要严重得多，它使遵循它的人强烈地厌恶自己的出生和生活状态，并选择逃离自己的生活。工人不想再做工人，农民不想再当农民，而大多数地位卑贱的中产阶级，不想让他们的儿子从事任何其他的职业，一心只想着做国家职员。法国的学校不是让人为生活做好准备，而是只打算让他们从事政府的职业，在这个职业上取得成功，没有必要再问自我志向，或表现出一点点个人的主动性。这种制度在社会等级的最底层造就了一支无产阶级大军，他们都对自己的命运愤愤不平，随时都想起来造反。而在最高层，它培养出了一群轻浮的资产阶级，他们多疑又轻信，对国家抱着迷信般的信任，把它视同天理，又时时不忘对它表示敌意，总是把自己的过错推咎给政府，没有了当局的干涉，他们就会一事无成。

国家借助教科书造出了如此之多的有文凭的人，它却只能利用这其中的一小部分，只好让剩下的大部分人无事可做。因此，它只能给先来的提供饭碗，剩余的没有职位的人就全都成了国家的敌人。从社会金字塔的最低层到最高层，从身份最卑贱的小秘书到教授和警察局长，有大量炫耀着文凭的人在围着各种政府部门的职位转。商人想找到一个代替他处理殖民地生意的人是难上加难，而成千上万的人在谋求最平庸的官差。仅塞纳一地，就有 20 000 名男女教师失业，他们无一例外地蔑视农田或工厂，只想从国家那儿讨生计。被选中的人数总是有限的，因此肯定有大量心怀愤怒的人。他们随时都会参与任何革命，不用管它的头领是谁，也不用管它有什么目的。可以说，拥有一些没用的知识，是让人造反的金科玉律。

很显然，迷途知返已经为时太晚。只有经验这位人们最好的老师，最终会尽力揭示出我们的错误。只有它才能够证明，我们必须废除那些可恶的教科书和可怜的考试，代以勤劳的教育，它能够教导年轻的人们回到田野和工厂，回到他们今天不惜任何代价逃避的殖民地事业。

如今，一切受教育的人所需要的那种开明思想的专业教育，就是我们祖辈所理解的教育。现在，依靠自己意志的力量、开拓能力和创业精神统治世界的民族中，这种教育依然强盛。泰纳先生这位伟大的思想家，在一系列著作中明确地指出，我们过去的教育制度与今天英国和美国的制度大体上相似。他在对拉丁民族和盎格鲁-撒克逊民族的制度进行不同寻常的比较时，明确指出了这两种方式的后果。在下面，我还会引用一些篇章中的重要段落。

也许人们在紧要关头会认为，继续接受我们古典教育中的全部弊端，哪怕它只能培养出不满意的和无法适应自己生活状况的人，但是给人灌输大量肤浅的知识，丝毫不爽地背诵大量教科书，还是能够提高智力水平的。但是它真能提高这种水平吗？根本不可能！生活中取得成功的条件是判断力，是经验，是开拓精神和个性。而这些素质都不是书本所能够带来的。教科书和字典可以是有用的参考工具，但长时间把它们放在我们的脑子里却没有任何作用。

如何才能让专业教育提高智力，使它达到远远超过古典教育的水平呢？泰纳先生做过一个出色的说明。他说：

观念只有在自然而又正常的环境中才能形成。要促进观念的培养，需要年轻人每天从工厂、矿山、法庭、书房、建筑工地和医院获得大量的感官印象；他得亲眼看到各种工具、材料和操作；他得与顾客、工作者和劳动者在一起，不管他们干得是好是坏，也不管他们是赚是赔。采用这种方式，他们才能对那些从眼睛、耳朵、双手甚至味觉中得到的各种细节，有些许正确的理解。学习者在不知不觉中掌握了这些细节，默默地推敲，在心中逐渐成形，并且迟早会产生出一些想法，让他们着手进行新的组合、简化、创意、改进或是发明。而法国年轻人恰恰在最能出成果的年纪，被剥夺了所有这些宝贵的接触经验和不可缺少的学习因素，因为有七八年的时间里，他一直被关在学校里，隔断了一切亲身体验的机会，所以，对于世间的人和事以及控制它们的各种办法，不可能得到鲜明而准确的理解……

十人之中，至少九个人在几年里把他们的时间和努力都白白浪费掉了，而且可以说，这是非常重要的，甚至是决定性的几年。他们中间有一半甚至三分之二的人，是为了考试而活着，我这里指的是那些被淘汰的人。还有一半或三分之二成功地得到了某种学历、证书或一纸文凭，我在这里指的是那些超负荷工作的人。在规定的某一天，坐在一把椅子上，面对一个答辩团，在连续两小时的时间里，怀着对科学家团体，这一切人类知识的活清单的崇敬之情，他们要做到正确。其实对这种事所抱的期望实在是太过分了。在那一天的那两个小时里，他们也许正确或近似正确，但用不了一个月，他们便做不到这样了。他们不可能再通过考试。他们脑子里堆积的那些又多又沉重的知识在不断流失，又没有新东西补充进去。他们的精神活力衰退了，继续成长的能力也枯竭了，即使一个得到充分发展的人出现了，他也只是个筋疲力竭的人。他成家立业，步入生活的俗套，而一旦落入这种俗套，他就会把自己封闭在狭隘的职业中，工作也许还算本分，但也只能如此了。这就是平庸的生活，收益和风险不成比例的生活。而在1789年以前，法国就像英国或美国一样，采用的却是相反的办法，由此得到的结果没什么不同，还有可能更好。

之后一些著名的心理学家又向我们揭示了我们的制度与盎格鲁-撒克逊人的差异。后者并没有我们的专业学校多。他们的教育并不是建立在书本知识上，而是建立在直观教学上。例如，他们的工程师并不是在学校，而是在车间里训练出来的。这种办法表明，每个人都能达到他的智力允许的水平。如果他没有进一步发展的能力，他可以成为工人或领班，如果天资过人，他便会成为工程师。这种做法与个人前途只取决他在 19 岁或 20 岁时一次几小时考试的做法相比，显然更加民主，对社会也更为有利。

在医院、矿山和工厂，在建筑师或律师办公室里的学生们，十分年轻的时候便按部就班地开始经历他们的学徒期，这种经历类似于办公室里的律师秘书或者工作室里的艺术家。在正式投身实际工作之前，他们也要接受一些一般性的教育，从而准备好一个模式，使得他们可以将迅速观察到的东西填充进去，并且能够利用自己的闲暇时间学到不同的技能，由此逐渐地同他所获得的日常经验统一协调。在这种制度条件下，学生的实践能力得到了发展，并且与自己的才能相适应，同样，发展方向也符合他们的任务和特定工作的要求，而这些工作也就是他们日后所要从事的工作。通过这种方式，在英国或美国的年轻人，很快就可以在一个位置上最大限度的发挥才能。在他们 25 岁时，时间可能还会提前，如果不缺少什么材料的话，他们不但能成为有用的工作者，甚至具备自主创业的能力；他们不只是机器上的零部件，更是机器的发动机。而在法国，教学制度恰恰与此相反，一代又一代的人越来越向中国看齐，便由此造成了巨大的人力浪费。有关我们拉丁民族的教育制度与生活实践不断拉大差距的情形，这位伟大的哲学家还得出了以下结论：

在教育时期的三个阶段，儿童期、少年期和青年期，如果只是从考试、学历、证书和文凭的角度考量，那么一味地坐在学校板凳上做理论和教科书准备的时间未免太长了，并且负担过重。即便单从这个角度看，所采用的方法也是一塌糊涂，它就是一种违反自然、与社会对立的制度。过多地延长实际所需的学徒期，我们学校的寄宿制度，人为的训练和填鸭式教学，功课过重等等，都已经差强人意，还不考虑以后的时代，不考虑成人的年龄和人们的职业，不考虑年轻人很快就要投身到其中的现实世界，不考虑我们活动于其中，他必须加以适应或提前学会适应的社会，不考虑人类为保护自己而必须从事的斗争，不考虑为了站住脚跟他得提前得到装备、武器和训练并且保持坚强的意志。这种不可缺少的准备，如此重要的学习，这种丰富的知识和顽强的意志力，我们的学校全都没有教给我们国家的年轻人。这种制度不但远远没有让他们获得明确应对生存实际的素质，相反，还破坏了他们的这种素质。因此，当他们走进这个世界、踏入他们的活动领域时，他们只能时常经历一系列痛苦的挫折，以及由此造成的久久不能痊愈的伤痛，有时这些伤痛让他们丧失了生活能力。这样的测试既沉重又危险。而这个过程又会对精神和道德的平衡产生不良影响，有时甚至恢复令人堪忧的状态，或者突然产生彻底的幻灭感。这种欺骗太过严重，失望也太过强烈。

以上言论是否离群体心理学的主题太远呢？事实并非如此。如果我们想了解今天正在群众中酝酿、明天就可能会出现的各种想法和信念，就必须对为之提供土壤的因素有所认识。教育使得这个国家的年轻人能够了解到自己的国家将会变成什么样子。当前所提供的学校教育，着实让人心灰意冷。在提高或降低群体智商方面，教育至少能发挥一部分作用。所以有必要说明一下，这种群体智商是如何由当前的制度培养出来的，冷漠而中立的群众又是如何变成了一支心怀不满的队伍，时刻准备听从一切乌托邦分子和能言善辩者的暗示。现在，我们发现，正是在教室里找到了社会主义者和无政府主义者，也正是教室，为拉丁民族走向衰败铺平了道路。

第二章　群体意见及信念的直接因素

提要:(1) 形象、词语和套话。词语和套话的神奇力量;词语的力量和它所唤起的形象有关,但是独立于它的真正含义;这些形象因时代和种族而各有不同;被人用滥的词语;常用词语含义多变的例证;给群体留下不良印象的旧事物更换名称后所产生的政治效用;种族差别造成的词义变化;“民主”一词在欧洲和美国的不同含义。(2) 幻觉。它的重要性;在所有文明的起源中都能发现幻觉;社会需要幻觉;群体总是更喜欢幻觉多过真理。(3) 经验。只有经验能够使必要的真理在群众心中生根；经验只有不断地重复才能生效；说服群众必须付出的经验代价。(4) 理性。它对群体没有任何作用；群体只接受那些无意识感情的影响；逻辑在历史中的作用；发生不可思议的事件的秘密原因。

我们刚才讨论了群体心理的一些特定因素，使得某些感情和观念能够发展的间接性准备因素得到揭示。现在我们需要研究一下能够直接发挥作用的因素。在下面的章节里，看看如何运用这些因素才能使它们充分发挥作用。

我们已经在本书的第一部分讨论过集体的感情、观念和推理方式，根据这些，我们显然可以从影响他们心理的方法中，归纳总结出一些一般性的原理。我们已经了解了什么事情会刺激到群体的想象力，也知道了暗示手段，尤其是那些以形象的方式表现出来的暗示的力量和传染的过程。然而，就像暗示有着完全不同的来源一样，能够对群体心理产生影响的因素也是相当不一样的，我们必须对他们进行分别研究。这种研究是有益的。群体就像古代神话中的斯芬克斯，我们必须给它的心理学问题给出一个答案来，否则我们就会被它给毁灭掉。

(1) 形象、词语和套话

我们在研究群体想象力的时候，已经注意到它特别容易被形象产生的印象所影响。这些形象可能不是随时都有的，但是可以利用一些词语或者套话，巧妙地把它们激活。在经过艺术化的处理之后，它们一定会拥有神奇的力量，借此在群体心中掀起最可怕的风暴，相反，它们也能平息这一风暴。只用那些因为各种词语和套话的力量而死去的人的尸骨，就能建造一座比古老的齐奥普斯更为高大的金字塔。

词语的能量与它们所唤醒的形象有关联，同时又与它们的真实含义保持相对独立。最不确切的词语，有时反而影响力最大。例如像民主、平等、自由等等，它们的含义都是极其模糊的，就是用一大堆的专著论述恐怕也不能确定它们的所指。然而就是这寥寥几个词语，它们的确拥有神奇的威力，它们似乎能够解决一切问题。它们好像能够把各种不同潜意识中的抱负和实现的希望都集于一身。

说理和争论赢不了一些词语和套话。它们是和群体一起粉墨登场的。人们只要一听到它们，就会肃然起立，俯首称臣。许多人都把他们当做自然的神力，甚至是超自然的力量。它们会在人们的心中唤起宏伟而壮丽的景象，同时因为它们含糊不清，从而使得它们拥有了神秘的力量。它们就像是躲藏在神坛背后的神灵，信众只能诚惶诚恐地拜倒在它们面前。

词语所唤起的形象与它们的含义保持独立。这些形象会因时代、民族而不同。不过套话并没有改变，有些暂时的形象是和一定的词语联系在一起的：词语就像是可以唤醒它们的电铃按钮。

并不是所有的词语和套话都有唤起形象的力量，也有些词语在一段时间里有这种力量，但在使用它的过程中也会失去力量的，并且不会对头脑产生任何影响。这个时候它们就变成了空话，而它主要的作用就是省去了使用者思考的义务。我们用年轻时候所学到的少量套话和常识把自己武装起来，就拥有了应付生活所需的一切，就再也不用对任何事情进行思考。

我们只要研究一下特定的语言，就不难发现它所包含的词语在时代纷繁的变迁中变化得极为缓慢，而这些词语所唤起的形象，或是人们赋予它们的含义，却又在不停地发生变化。所以，我在另一本书中曾得出这样的结论，准确地翻译一种语言，尤其是那些已经死亡的语言，是绝对办不到的。每当我们用一句法语来代替一句拉丁语、希腊语或是《圣经》里的句子时，又或者当我们准备理解一本二三百年前用我们自己的语言写成的书时，我们实际上做了什么呢？我们只不过是用现代生活给予我们的一些形象和观念来代替另外一些不同的形象和符号罢了。它们只是古代一些种族头脑中的产物，而这些人的生活状况与我们的没有任何相似之处。当大革命时的人以为自己在模仿古希腊和古罗马人的时候，他们除了能把从来没有存在过的含义赋予古代的词语之外，还能做点什么呢？

希腊人的制度和我们今天用同样的词语设计组织的制度有什么相似之处呢？那时的共和国，从本质上说，是一种贵族统治的制度，它是由一小部分团结一致的暴君统治者和一群绝对服从的奴隶所构成的制度。如果没有了奴隶制，这些建立在奴隶制基础上的贵族集体统治，恐怕一天也不能存在。

"自由"这个词也同样如此。在一个从来没有想过思想自由的可能性，就连讨论城邦的诸神、法典和习俗都是最严重最不寻常的犯罪的地方，"自由"的含义与我们今天赋予它的含义有何相似之处？再像"祖国"这样的词，对于雅典人或斯巴达人来说，除了指雅典或斯巴达的城邦崇拜之外，还能有其他的含义吗？它当然不可能指由彼此征伐不断的敌对城邦组成的全希腊。在古代

当大革命时的人以为自己在模仿古希腊和古罗马人的时候，他们除了能把从来没有存在过的含义赋予古代的词语之外，还能做点什么呢？

高卢，“祖国”这个词又有什么含义？它是由相互敌视的部落和种族组成的，它们有着不同的语言和宗教，恺撒能够轻易征服它们，正是因为他总是能够从中找到自己的盟友。罗马人缔造了一个高卢人的国家，是因为他们使这个国家形成了政治和宗教上的统一。不说远的，就说二百年前的事吧，能够认为今天法国各省对“祖国”一词的理解，与伟大的孔代(一个和外国人结盟反对自己的君主)能是一样的吗？然而词还是那个词。过去跑到外国去的法国保皇党人，他们认为自己反对法国是在尽忠职守，他们认为法国已经变节，因为封建制度的法律是把诸侯同主子而不是土地联系在一起的，因此有君主在，才有祖国在。可见，祖国对于他们的意义，不是与现代人大不相同吗？

词语的意义随着时代的变迁而发生深刻变化是常有的事。我们对它们的理解，只能达到过去经过长期的努力所能达到的水平。曾有人十分正确地说，即使想要正确地理解“国王”和“王室”这些称呼对于我们曾祖父辈的意义，也得要做大量的研究。其他更复杂的概念将会出现什么样的情况就不难想象了。

由此可见，词语只具有变动不定的短期含义，它会随着时代和民族的不同而展现出不一样的含义。因此，我们要是想利用它们来影响群体，就必须弄明白某个时候群体赋予它们的含义，而不是它们过去的含义，或精神状态有所不同的个人所赋予它们的含义。

因此，当群体因为政治动荡或信仰变化，对某些词语唤起的形象深恶痛绝时，如果事物因为与传统结构紧密联系在一起而无法改变，那么一个真正的政治家的当务之急，就是在不伤害事物本身的同时赶紧变换说法。聪明的托克维尔很久以前就说过，执政府和帝国的具体工作就是用新的名称把大多数过去的制度重新再包装一遍，也就是说，用新名称代替那些能够让群众想起不利形象的名称，因为它们的新鲜能防止这种联想。“地租”变成了“土地税”，“盐赋”变成了“盐税”，“徭役”变成了间接摊派，商号和行会的税款变成了执照费，如此等等。

可见，政治家最基本的任务之一，就是对流行用语，或至少对再没有人感兴趣、民众已经不能容忍其旧名称的事物保持警觉性。名称的威力如此强大，以至于如果选择得当，它足以使最可恶的事情改头换面，从而变得能被民众所接受。泰纳正确地指出，雅各宾党人正是利用了“自由”和“博爱”这种当时十分流行的说法，才能够“建立起堪与达荷美媲美的暴政，建立起和宗教法庭相类似的审判台，干出与古墨西哥人相差无几的人类大屠杀这种成就”。统治者的艺术，就像律师的艺术一样，首先在于驾驭辞藻的学问。这门艺术遇到的最大困难之一，就是在同一个社会，同一个词对于不同的社会阶层往往有不同的含义，表面上看他们用词相同，其实他们说着不同的语言。

在以上的事例中，时间是促成词语含义发生变化的主要因素。如果我们再考虑到种族因素的话，就会看到，在同一个时期，在教养相同但种族不同的人中间，相同的词也经常与极不相同的观念相对应。只有那些见多识广的人，才能够理解这些差别，因此我不会纠缠在这个问题上。我只想指出，正是群众使用最多的那些词，在不同的民族中有着最不相同的含义。例如今天使用如此频繁的"民主"和"社会主义"，就属于这种情况。

实际上，它们在拉丁民族和盎格鲁 撒克逊民族中代表着十分对立的思想。在拉丁民族看来，"民主"更多地是指个人意志和自主权要服从于国家所代表的社会意志和自主权。国家在一天天地支配着一切，集权、垄断……，并制造一切。不管是激进派、社会主义者还是保皇派，一切党派一概求助于国家。而在盎格鲁-撒克逊地区，尤其是在美国，"民主"一词却是指个人意志的有力发展，国家要尽可能服从这一发展，除了政策、军队和外交关系外，它不能支配任何事情，甚至公共教育也不例外。由此可见，同一个词，在一个民族是指个人意志和自主权的从属性以及国家的优势，而在另一个民族，却是指个人意志的超常发展和国家的彻底服从。

（2）幻觉

自从有了文明以来，群体便一直处于幻觉的影响中。他们还为那些制造幻觉的人建庙塑像，并设立祭坛，超过了所有的其他人。不管是过去的宗教幻觉还是现在的哲学幻觉和社会幻觉，他们坚实而至高的力量，在我们的星球上不断发展的任一文明的灵魂中都可以找寻到。古巴比伦和埃及的神庙，中世纪的宗教建筑，是因为他们而建造；一个世纪前震撼全欧洲的一场大规模动荡，也是因为他们而发动；甚至是我们所有的政治、艺术和社会学说，都受到他们的强烈影响。有时，人们不惜以恐怖的动乱为代价，消除了这些幻觉，但是他们似乎命中注定还会死而复生。没有了幻觉，人们不可能走出自己的野蛮状态；同样，没有了幻觉，人们又会很快重新回归到野蛮状态。不错，他们只不过是些没用的幻影，但也正是这些我们梦想中的产物，使得各民族创造了辉煌而壮丽的艺术或伟大的文明，这些都是值得夸耀的。

要是有人把那些博物馆和图书馆都毁掉，把那些在宗教鼓舞下建起的、位于教堂前石板路上的一切作品和艺术纪念物统统推倒，那么人类的伟大梦想还会留下些什么呢？还是让人们怀抱着那些希望和幻想吧，要不然他们是活不了的。而这也就是诸神、英雄和诗人存在的原因。科学虽然已经承担这项任务有50年的时间了，但是在渴望理想的心灵里，科学还是有所不足的，因为它做不出过于慷慨的承诺，当然，也有它不能撒谎的原因。

上个世纪的哲学家们满怀热情地致力于破坏宗教、政治和社会幻想，而我们的祖辈在这些幻想中已经生活了许多个世纪了。他们毁灭了这些幻想后，希望和顺从的源泉也会随之枯竭。幻想破灭之后，他们面对着盲目而无声无息的大自然，并且对软弱和慈悲无动于衷。

不管哲学取得了多么大的进步，它到目前为止仍然没有给群众提供任何能够让他们着迷的理想。不管付出多大的代价，群众都必须要拥有自己的幻想，于是他们向趋光的昆虫一样，本能地转向那些迎合他们口味的雄辩者。推动各个民族演化的主要因素，永远不是什么真理，而是谬误。现在社会主义的力量为何如此强大，其原因就在于它仍然是具有活力的最后幻想。尽管有一切科学证据，它依然能够继续发展。它的主要力量是因为它的鼓吹者是那些非常无视现实，敢于向人类承诺幸福的人。现如今，这种社会主义幻想肆虐于过去大量的废墟之上，未来是属于它的。群众从来就没有渴望过真理，面对那些不合口味的证据，他们会拂袖而去，假如谬论对他们有诱惑力，他们更愿意崇拜谬论，凡是能向他们供应幻觉的，会轻而易举地成为他们的主人，凡是让他们幻觉毁灭的，也都会成为牺牲品。

(3) 经验

经验几乎成为唯一能够让真理在群众心中落地生根的手段，也是让过于危险的幻想归于破灭的有效方法。但是为了达到以上目的，经验还必须要发生在非常大的范围内，并且能够重复出现。一般说来，一代人的经验往往对下一代人没有多少用处。这就是一些被当作证据引用的历史事实达不到效果的原因。它们唯一的用处就是证明了，一种广泛的经验要想成功地动摇那些深植群众脑中的错误观点，也同样需要一代又一代的反复出现。

史学家们一定会把19世纪和更早一些的年代视为一个充满了奇异经验的时代，任何别的时代都没有做过这么多的试验。

最伟大的试验就是法国大革命了。我们发现了一个社会需要遵照纯粹理性的指导，从上到下整个翻新一遍，而这势必会导致数百万人丢掉性命，且让欧洲再陷入 20 年的动荡。为了用经验给我们证明，独裁者们使得拥戴他们的民族损失惨重，需要在 50 年里经历上两次破坏性的试验。但是，尽管试验的结果明确无误，好像仍然不能够令人信服。第一次试验的代价是搭上三百万人的性命和一次入侵，第二次试验导致了领土的割让，并在事后表明拥有常备军的必要性。此后极有可能还要有第三次的试验。说不好哪天就必定会发生。为了让整个民族相信，庞大的德国军队并不像他们 30 年前被普遍认为的那样，是一支无害的国民卫队，就不得不经此一次让我们损失惨重的战争。这样让人们认识到了贸易保护会毁掉实行这种制度的民族，至少需要 20 年的灾难性试验。显然，这样的例子举不胜举。

（4）理性

在列举能够对群体心理产生影响的因素时，除非是指出理性的影响的消极价值，否则是根本没有必要提及理性的。

我们已经证明了，群体是不受推理影响的，它们只能理解那些拼拼凑凑的观念。因此，那些掌握了如何影响它们的演说家，习惯于借助它们的感情而非它们的理性。逻辑定律对于群体是没有作用的。要是想让群体相信什么，首先得要搞清楚能让他们幸福的感情，然后假装自己也有这种感情的样子，再以一些低级的组合方式，借用一些非常著名的暗示性概念去改变他们的看法。如果有必要的话，再回到最初提出的观点上来，这样才能够慢慢地探明引起某种说法的感情。而这种根据实际讲话的效果不得不变换措辞的必要性，使得一切有效的演讲根本不可能进行事先的准备和研究。在那些提前准备好的演讲中，演讲者只会按照自己的思路而不是听众的思路，就这一个事实就会让他不可能产生任何影响。

讲究逻辑的头脑，早已习惯了相信一系列大体严密的论证步骤，所以在向群体讲话的时候，也难免会借助于这种说服的方式。但是当他们面对自己的论证不起作用时，又总是表现出百思不得其解的样子。有位逻辑学家曾写道："通常来说，建立在三段论上，即建立在一组公式上的数学结论是不可更改的……由于这种不可更改的性质，即使是无机物，当然如果它能够演算这一组公式的话，也不得不表示同意的。"这话当然说得没错，然而群体却不比无机物更能遵守这种组合方式，群体甚至没有理解的能力。我们只要尝试一下用推理的方式来说服原始的头脑，比如野蛮人或小孩的头脑，就会知道这种论说方式是毫无价值可言的。

要是想看明白与感情对抗的理性是多么的苍白无力，甚至不用降低到原始水平。我们只要稍稍想一下，就在几百年前，与最简单的逻辑也不相符的宗教迷信是多么得顽强！在将近两千年的岁月里，即使连最清醒的天才也必须在它们的规矩面前低头屈从。只是到了现代，它们的真实性才多多少少地受到了一些挑战。在中世纪和文艺复兴时代也有不少开明之士，却没有一个人通过理性思考，来认识自己迷信中那十分幼稚的一面，或者对魔鬼的罪行表示丝毫的怀疑，还有烧死巫师等。

群体从来不受理性的指引，我们是否该对此表示遗憾呢？我们不用急于承认。毫无疑问，是幻觉引发的激情和愚钝，激励着人类走上了文明的道路，在这方面人类的理性没有多大的用处。作为支配我们的无意识的力量的产物，这些幻觉无疑是必要的。每个种族的精神成分中都携带着它命运的定律，并且也许由于它一种难以抑制的冲动，只能服从这些定律，即便这种冲动显然极不合理。有时，各民族好像被一些神秘的力量所左右，它们类似于那种使橡果长成橡树或让星星在自己轨道上运行的力量。

我们要想对这些力量有一点认识，就必须研究一个民族的整个进化过程，而不是在这一进化过程中不时出现的一些孤立的事实。如果仅仅考虑这些事实，历史就会变得仿佛是由一连串不可能的偶然性所造成的结果。一个加利利的木匠似乎不可能变成一个持续两千年之久的全能的神，使最重要的文明以他为基础形成；一小撮从沙漠里冒出来的阿拉伯人，似乎不太可能征服希腊罗马世界的大部分地区并建立起比亚历山大的领土更大的帝国；在欧洲已经十分发达、各地政权都已有了等级森严的制度的时代，区区一个炮兵中尉似乎也不太可能征服众多民族及其国王。

因此，还是让我们把理性留给哲人，不要过于强烈地坚持让它插手对人的统治吧。一切文明的主要动力并不是理性，倒不如说，尽管存在着理性，文明的动力仍然是各种感情——比如尊严、自我牺牲、宗教信仰、爱国主义以及对荣誉的爱。

第三章　群体领袖及其说服手法

提要:(1) 群体的领袖。所有群体动物都有服从头领的本能需要;群体领袖的心理;只有领袖能让群体拥有信仰并且将他们组织起来;领袖的专制;领袖的分类;意志的作用。(2) 领袖的动员手段:断言、重复和传染。这些手段的不同作用;相互的传染从社会底层到上层发展的过程;民众的意见很快就会成为普遍意见。(3) 名望。名望的定义和分类;先天的名望和个人的名望;各种实例;破坏名望的方式。

现在，我们已经知道了群体的精神构成，我们也明白了能够对他们的头脑产生影响的力量。需要进一步研究的是，这些力量是如何发挥作用的，以及是什么人把它们有效地转变成了实践的力量。

(1) 群体的领袖

不管是动物还是人，只要这些生物聚集在一起，都会本能地让自己处于一个头领的统治之下。

对于人类的群体而言，所谓头领，有时也不过是些小头目或怂恿的人，即便如此，他的作用仍然相当重要。他的意志是群体形成意见并达成意志的核心。他也是各色人等形成组织的首要因素，他能为他们组成派别铺平了道路。一群人其实就像是温顺的羊群，没有了头羊就会不知所措的。

领袖自身起初也不过是被领导中的一员。他本人也被一些观念所迷惑，然后变成了它们的信徒。他对这些观念如此着迷，以至于除此之外的所有事情都消失了一般。在他眼中，一切与之相反的意见都是谬论或迷信。罗伯斯庇尔就是这方面的例子，他对卢梭的哲学观念的崇拜简直到了如痴如醉的地步，所以在传播它们的过程中竟然采用了宗教法庭的手段。

我们所讨论的领袖，比起思想家来，更有可能是个实干家。他们的头脑并没有什么敏锐洞察和深谋远虑的天赋，他们也不可能这样，因为这些品质一般会让人犹豫不决。在那些神经有毛病的、好兴奋的、半癫狂的——处在疯子边缘的人中间，尤其容易产生这种人物。不管他们所坚持的观念或所追求的目标是多么荒诞，而他们的信念却是如此坚定，以至于任何理性思维对他们都丝毫不起作用。他们对于别人的轻视和保留态度无动于衷，或者这些只会让他们更加兴奋。他们牺牲自己和家庭的利益，事实上，他们在牺牲自己的一切。而那种自我保护的本能在他们的身上也消失得无影无踪，在绝大多数情况下，他们孜孜以求的唯一回报就是能够以身殉职。他们强烈的信仰促使他们的话具有极大的说服力。群体总是愿意听从那些意志坚强的人，而他也知道如何迫使群体接受自己的看法。聚集成群的人基本上会完全丧失掉自己的意志，从而本能地转向一个具备他们所没有的品质的人。

任何一个民族从来就不缺少领袖，然而，他们并不全都受到信徒强烈信念的激励。这些领袖往往精通巧言令色之道，一味追求私利，善于用取悦与无耻的本能来说服众人。他们利用这些方式有可能会产生极大的影响，但也只能奏效一时。那些拥有狂热信仰，能够深深打动群众灵魂的人，比如隐士彼得、路德、萨伏那罗拉之流，以及法国大革命中的人物，他们自己先是被各种信条搞得神魂颠倒之后，才能让别人也变得想入非非。这样才能让他们在自己的信众灵魂里唤起一股坚实的力量，这就是所谓的信仰，它能够让一个人完全受自己的梦想摆布。

不论信仰是宗教的、政治的或社会的，也不论信仰的对象是一本书、一个人，又或是一种观念，信仰的建立永远取决于人群中伟大领袖的作用。也正是在这一点上，他们有着异常巨大的影响力。这一点都不假。一个人具有了信仰，也就强大了十倍。重大的历史事件一直是由一些名不见经传的信徒造成的，他们除了他们所赞成的信仰之外，几乎什么都不知道。传遍全世界的伟大宗教，或是从这个半球扩张到另一个半球的帝国，它们之所以能够建立，依靠的并不是学者或是哲学家的帮助，更不是怀疑论者的帮助。

不过，在上面提到的那些事情中，我们更关注那些伟大的领袖级人物，他们为数极少，史学家们很容易就可以将他们一一清点出来。他们构成了一个个连绵不断的山峰。这些山峰的上面是些权势显赫的主子，下面则是一些出力的人。在一个烟雾缭绕的小酒馆里，领袖们不停地给自己的同志灌输着只言片语，以使其慢慢地入迷。对于那些话的含义，他们自己理解的也很少，但是按他们的说法，只要能够将这些付诸实践，一定会让一切希望和梦想都成真的。

在社会的每个领域，从最高贵的到最低贱的，人一旦脱离了孤单的状态，立即便会处于某个领袖的影响之中。我们中的大多数人，尤其是群众中的大多数人，除了自己的行业之外，对任何其他问题都没有一个清楚而又合理的想法。领袖的作用就是充当这些人的领路人。不过，他们也有可能会被定期出版物所影响。虽然有时效果一般，但这些定期出版物制造了有利于群众领袖的舆论，从而向群体提供了现成的套话，这样可以使得他们不必再为如何说理而绞尽脑汁了。

群众领袖拥有非常专制的权威，这种专制性自然成为他们服从的条件。人们经常注意到，领袖的权威不需要任何后盾，就能够轻而易举地使工人阶级中的狂暴分子听命于自己。他们规定工时和工资比例。他们只要一声令下，就能够发出罢工的命令，以及什么时候开始什么时候结束。

现在，因为政府受到人们的怀疑，导致自己越来越没有威力，所以这些领袖和鼓动者正越来越倾向于攫取政府的位置。这些新主子的暴政给群众带来的结果就是，他们在服从新主子时，要比服从政府时温顺很多。要是因为发生了某种变故，领袖突然从舞台上消失了，群众就回到了乌合之众的状态，并且变得不堪一击。巴黎有一次公共马车雇员的罢工中，两个指挥罢工的头目被抓起来之后，罢工也就立即结束了。在群体的灵魂中处于上风的，并不是对自由的渴求，而是当奴才的欲望。于是他们倾向于服从，不管谁自称是他们的主子，他们都会本能地对他表示服从。

这些首领和煽动者明显地可以分为不同的两类。一类包括那些充满活力，但只是一时的拥有坚强意志的人。与他们相比，另一类人则更为罕见，他们的意志力更加持久。前一类人有些莽撞蛮勇，他们特别擅长在领导突然决定的暴动中，带领群众冒死犯难，也是那种可以一夜之间从新兵变成英雄的人。这些人中包括第一帝国时代的内伊和佳拉，还有我们这个时代的加里波第。他虽然一无所长，却是个生命力极其旺盛的冒险家，他只需要带领一小撮人，就能够把古老的那不勒斯王国给拿下，哪怕它受着一支纪律严明的军队保护。

不过，这一类的首领，他们的活力虽是一种应该给予重视的力量，但是却不能维持太久，通常很难延续到使它发挥作用的兴奋事件之后。当这些英雄们重新返回日常生活时，就会像我刚才所说到的那样，他们往往会暴露出惊人的性格弱点。虽然他们能够领导别人，但好像他们不能在最简单的环境下思考和支配自己的行为。他们这样的领袖，也受人领导，并且不断地接受刺激。一直有某个人或观念在引导着他们，也必须要有明确规定的行动路线供他们遵循，不然，他们就不能够真正发挥自己的作用。另外一类领袖，就是那些能够长久保持意志力的人，虽然没有那么璀璨夺目，但他们的影响力却大得多。这类人中，可以找到各种宗教和伟业的真正奠基人，比如圣·保罗、哥伦布和德·雷赛布。他们或是聪明，或是心胸狭隘，但这一切都不重要，世界是属于他们的。他们所具备的持久的意志力，是一种极为罕见、极为强大的品质，足以征服一切。强大而持久的意志能够成就什么，并不总是能够得到充分的评价。没有任何事情能够阻挡住它，无论自然、上帝，还是人。

强大而持久的意志能够造成什么结果，德·雷赛布为我们提供了一个最近的例子。他是一个把世界分成东西两半的人，他所成就的事业，是过去三千年里最伟大的统治者也没有能够做到的。他后来败在一项类似的事业上，但那是因为他年事已高的缘故，包括意志在内的一切事情，都会在衰老面前屈服。

如果想说明单凭意志的力量能够完成什么事业，只需仔细想一下与开凿苏伊士运河时必须克服的困难有关的历史记载即可。一位见证人用令人印象深刻的寥寥数语，记录下了这项伟大工程的作者所讲述的整个故事：

日复一日，不管遇到什么事情，他都在讲着那个关于运河的惊人故事。他讲述他所战胜的一切、他如何把不可能变为可能、他遇到的一切反对意见、与他作对的所有联盟，他经历的所有失望、逆境和失败，都没有能够让他灰心丧气。他追忆英国如何打击他、法国和埃及如何迟疑不决、工程初期法国领事馆如何带头反对他，以及他所遇到的反对的性质，有人试图用拒绝供应饮水，使得他的工人因为口渴而逃跑。他还谈到，海军部长和工程师，一切富有经验、受过科学训练并且有责任心的人，全都自然而然地变成了他的敌人，他们全都站在科学的立场上，断定灾难就在眼前，预言它正在逼近，并且计算出它会在某日某时发生，就像预测日食一样。涉及所有这些伟大领袖生平的书，不会包含太多的人名，但是这些名字却同文明史上最重大的事件联系在一起。

（2）领袖的动员手段：断言、重复和传染

要想在短时间内激发起群体的热情，让他们采取任何性质的行动，诸如抢夺宫殿、拼死守卫要塞或阵地，就必须让群体对暗示做出迅速的反应，这其中效果最大的就是榜样了。不过，为了达到这个目的，应当在事前做一下环境上的准备，尤其是希望影响他们的人应该具备的品质。我将这种有待于深入研究的品质称作为名望。

然而，领袖们打算利用观念和信念，比如现代的各种社会学说来影响群体的头脑时，他们所凭借的手段是有所不同的。这其中有三种手段最为重要，也十分明确。它们就是断言法、重复法和传染法。它们的作用尽管有些缓慢，一旦起效，却会有持久的效果。

让某种观念进入群众头脑最可靠的办法之一，就是只做出简单有力的断言，而不理会任何推理和证据。一个断言越是简单明了，那么证据和证明看上去就越贫乏，而它也就越有威力。一切时代的宗教经典和各种书籍，就总是在诉诸简单的断言。深知断言价值的政客们，号召人们起来捍卫某项政治事业，而商人们在利用广告手段大力推销产品。

在重复断言时，要尽可能保持措辞不变，如果没有不断地重复断言，它仍然不会产生出真正的影响。我相信拿破仑也曾经说过，重复是最为重要的修辞法。一个得到断言的事情，是通过不断重复才在头脑中生根，并且这种方式最终能够使人把它当作得到证实的真理接受下来。

我们只需要看一看重复对最开明的头脑所产生的力量，就不难理解它对群体的影响了。这种力量是基于这样一个事实，从长远来看，人们不断重复的说法会进入我们无意识的自我的深层区域，而我们的行为动机也正好是在这里形成的。等到了一定的时候，我们几乎会忘了谁是那个不断重复的主张的始作俑者了，我们最终只会对它深信不疑。这也是广告之所以具备惊人威力的原因。比如说某个牌子的巧克力是最棒的，我们不止成百上千次地读到过，以至于我们以为自己听到四面八方都在这么说，最后我们都会确信事实就是这样。再比如，某个牌子的药粉治好了某位身患顽疾的知名人士，我们也读过成百上千次了，其结果就是一旦我们也患上了类似的疾病，我们还是会忍不住的去尝试一下。如果我们总是在同一家报纸上读到张三是个臭名昭著的流氓，李四是诚实可靠的踏实人，我们最终就会相信事实就是如此，除非我们再去读另一家观点相反、把他们的品质完全颠倒过来的报纸。把断言和重复分开使用，它们各自都具备足够强大的力量相互拼杀一番。

如果一个断言得到了有效的重复，那么，在这种重复中将再也不存在任何异议，这就好像在一些著名的金融项目中，富豪们足以收买所有的参与者一样，这时就会形成所谓的流行意见，强大的传染过程就此启动。各种观念、感情、情绪和信念，在群众中都具有病菌一样强大的传染力。这是一种十分自然的现象，因为在聚集成群的动物中，也可以看到这种现象。马厩里要是有一匹马踢它的饲养员，另一匹马也会起而效尤；如果几只羊感到惊恐，很快也会蔓延到整个羊群。在聚集成群的人中间，所有情绪都会迅速传染，这就解释了恐慌的突发性。头脑混乱就像疯狂一样，它本身也是易于传染的。在自身是疯病专家的医生中间，不时有人会变成疯子，这已是广为人知的事情。当然，最近有人提到一些疯病，例如广场恐惧症，也能由人传染给动物。

人们受到传染，并不需要每个人都同时处在同一个地点。有些事件能让所有的头脑产生一种独特的倾向，以及让一种群体获得特有的性格。在这些事件的影响下，即使相距遥远的人们也一样能感受到传染的力量。当人们在心理上已经做好了准备，又受到我们前面研究过的间接因素的影响，情况就更是如此了。这一方面的实例就是 1848 年的革命运动，它先是在巴黎爆发，之后迅速传遍了大半个欧洲，使得王权摇摇欲坠。

很多影响都要归因于模仿，其实这都是传染所造成的结果。

我在另一本著作中对它的影响已经做过说明，所以，在这里我只想用一段15年前就这一问题所说过的话。下面引述的观点已由另一些作者在最近的出版物中做了进一步的阐发。

人就像动物一样有着模仿的天性。模仿对他来说是必然的，因为模仿总是一件很容易的事情。正是因为这种必然性，才使所谓时尚的力量如此强大。无论是意见、观念、文学作品甚至服装，又有几个人有足够的勇气与时尚作对？支配着大众的是榜样，不是论证。每个时期都有少数个人同其他人作对并受到无意识的群众的模仿，但是这些有个性的人不能过于明目张胆地反对公认的观念。他们要是这样做的话，会使模仿他们变得过于困难，他们的影响也就无从谈起。正是由于这个原因，过于超前于自己时代的人，一般不会对它产生影响。这是因为两者过于界限分明。也是由于这个原因，欧洲人的文明尽管优点多多，他们对东方民族却只有微不足道的影响，因为两者之间的差别实在是太大了。

从长远来看，在历史和模仿的双重作用下，会使得同一个国家与时代的一切都变得十分相似。即便是那些不怎么受这种双重影响的一类人，比如哲学家、博学之士和文人。通过他们那散发着相似气息的思想和风格，我们立刻就能辨认出他们所属的时代。所以说，如果我们想全面的了解一个人读什么书，有什么样的消遣习惯，他所生活的环境，可以不用和他做长时间的交谈也能知道。传染的威力巨大，它不仅能迫使人们接受某种意见，还能让人们接受某些情感模式。我们可以拿对《唐豪塞》的评价为例，传染让它曾一度备受蔑视，但基于同样的原因，就在几年后，还是那些批评它的人，又对它大加赞赏。

群体的意见和信念，绝不会因为推理而得到普及，而传染却可以做得更好。目前工人阶级中所流行的那些学说，都是他们从公共场所学到的，而这些都是断言、重复和传染的成果。其实，每个时代所创立的群众信仰的方式，都相差不大。勒南就曾恰当地把基督教最早的创立者比作是“从一个公共场合到另一个公共场合传播观念的社会主义工人”；伏尔泰在谈到基督教时也注意到，“在一百多年里，接受它的只有一些最恶劣的败类。”

需要指出的是，与我前面所提到的情况非常相似，传染在影响广大民众之后，也会波及社会上层。我们今天可以看到，社会主义信条就出现了这种现象，它正在被那些会成为它首批牺牲者的人所接受。传染的威力是如此之巨大，在它的作用下，甚至个人利益的意识都会消失得无影无踪。

由此说明了这样一个事实：每一种观念在得到民众接受之后，最终都会以强大的力量在社会的最上层扎根，甚至不管获胜意见的荒谬性是多么显而易见。社会下层对社会上层的这种反作用是个更为奇特的现象，因为群众的信念或多或少总是起源于一种更高深的观念，而它在自己的诞生地往往一直没有什么影响。领袖和鼓动家们被这种更高深的观念征服以后，就会把它取为己用，对它进行歪曲，组织起使它再次受到歪曲的宗派，然后在群众中加以传播，而他们会使这个篡改过程变得更快。观念变成大众的真理，它就会回到自己的发源地，对一个民族的上层产生影响。从长远来看，是智力在塑造着世界的命运，但这种作用十分间接。当哲学家的思想通过我所描述的这个过程终于大获全胜时，提出观念的哲人们早已化为尘土。

（3）名望

利用断言、重复和传染得到普及的观念，在环境里获得了巨大的威力，这时他们就会拥有一种神奇的力量，这就是所谓的名望。

统治这个世界的力量，无论它是观念还是人，要加强它的权利，主要是利用一种难以抗拒的力量，它的名字叫做名望。我们很难给它做出定义，尽管每个人都了解这个词的含义，但是它的用法却又极其不同。名望所涉及的感情,既可以是赞赏,也有可能是畏惧。有时它需要这些感情做基础,有时也完全可以独立存在。最大的名望通常归已逝者所拥有,就是那些我们不再惧怕的人,例如亚历山大、恺撒、穆罕默德和佛祖。除此之外,还有一些我们并不赞赏的虚构的存在,如印度地下神庙中的可怕神灵,它们是因为具有了名望而使得我们感到畏惧。

现实生活中,名望是某个人、著作或观念对我们头脑的支配力。它能够彻底麻痹我们的判断能力,使我们心中充满了惊奇和敬畏之情。这种感觉和所有的感情一样让人难以理解,不过它好像与魅力人物所引起的幻觉没什么两样。可以说,名望是一切权利的主要因素。不管是神仙、国王还是美女,离了它一样没戏。

总体来说,形形色色的名望分为两类:先天名望和个人名望。先天名望来自于称号、财富和名誉。先天名望是可以独立于个人名望的。与之相反,个人名望则基本上是一个人所特有的,它既可以和名誉、荣耀、财富共存,也可以因它们而得到加强,即使没有这些东西,个人名望也能够完全存在。

先天或人为的名望更为常见。当一个人占据某种位置,或者拥有一定的财富或头衔,只是这些事实,就能够使他享有名望,哪怕他本人并没有多少价值。一身戎装的士兵、身着法袍的法官,总是会令人肃然起敬。帕斯卡尔曾正确地指出，法施和假发是法官必不可少的行头。没了这些东西，他们的权威就会损失一半。即使是最狂放不羁的社会主义者，王公爵爷的形象对他总是或多或少会有所触动。拥有这种头衔会使得剥夺生意人变得轻而易举。

以上所说的这种名望，是由人来体现的，除这些名望之外，还有一些名望体现在各种意见、文学和艺术作品等等之中。这种名望经常都是长年累月重复所得的结果。历史，尤其是文学和艺术的历史，只不过就是在不断重复着一些判断。谁也不想证实这些判断，每个人最后都会重复他从学校里学到的东西，直到出现一些再没人敢于说三道四的称号和事物。对于一个现代读者来说，研读荷马肯定是极其令人生厌的事，但是，谁又敢这么说呢？巴台农神庙按其现存的状态，也不过是一堆非常没有意思的破败废墟，但是它巨大的名望却使得它看起来不是那个样子，而是与所有的历史记忆相关联。巨大的名望让人不敢对它有丝毫不敬，甚至还要摆出一副对伟大建筑的崇拜表情来。

假如一个贵族能够保住自己的财产和身份，我们事先便可以断定，民众一定会爱戴他；只要能与他交往，民众就会心甘情愿地把自己的一切都交到他手里。看得出来，当贵族露面时，他们高兴得脸上泛红；如果他再向他们说话，抑制不住的愉快会让他们面红耳赤，眼睛里闪烁着不同寻常的光芒。我这么说吧，他们的血液里就流淌着对贵族的崇敬，正像西班牙人热爱舞蹈、德国人热爱音乐、法国人喜欢革命一样。他们对骏马和莎士比亚的热情并不十分强烈，这些东西带给他们的满足和骄傲也算不上他们生活中不可分割的一部分。而讲述贵族的书的销路却是相当不错的，任何地方都可以看到它们，就像人手一册的《圣经》。

名望的特点就是阻止我们看到事物的本来面目，让我们的判断力彻底麻木。群众就像个人一样，总是需要对一切事物有现成的意见。这些意见的普遍性与他们是对是错全无所谓，他们只屈服于名望而已。

现在，我来谈谈个人的名望。它的性质完全与我刚才说过的那些人为的或先天的名望不相同。这种品质与一切头衔和权力无关，而且只有极少数人能够具备。他们不具备任何平常的统治手段，就能够使他们对周围的人们施加神奇的幻术，哪怕这些人与他们有着平等的社会地位。他们会强迫周围的人接受他们的思想和感情，众人对他们的服从，就像那种吃人毫不费力的动物服从于驯兽师一样。

伟大的群众领袖，如佛陀、耶稣、穆罕默德、圣女贞德和拿破仑，都享有极高的名望，他们所取得的地位与这种名望尤为相关。各路神仙、英雄俊杰以及各种教义，能够在世界上大行其道，都是因为他们全都有着深入人心的力量。当然，对于他们是不能探讨的，只要一探讨，他们便都会烟消云散了。

我前面提到的这些人，在他们成名以前，早就具备了一种神奇的力量，如果没有这种力量他们也不可能成名。就说达到荣耀顶峰时的拿破仑，仅仅因为他的权力这一事实，他就享有巨大的名望，但是在他没有这种权力，仍然名不见经传时，他就已经部分地具备了这种名望。当他还是一名籍籍无名的将军时，幸亏那些有权势者想要保护自己，于是他就被派去指挥意大利的军队。他发现自己处在一群愤怒的将军中间，他们一心想要给这个总督派来的年轻外来户来个下马威。在一开始，从第一次会面时起，他没有借助于任何语言、姿态或威胁，他们一看到这个就要变成大人物的人时，就被他征服了。泰纳凭借当时的回忆录，对这次会面做了引人入胜的说明：

师部的将军，包括奥热罗，他是一个蛮勇而又雄赳赳的武夫，他为自己高大的身材和彪悍而扬扬自得。他来到军营，对巴黎派给他们的那个暴发户一肚子怒气。对于他们得到的有关此人如何强大的描述，奥热罗打算粗暴的不予理睬：一个巴拉斯的宠儿，

伟大的群众领袖，如佛陀、耶稣、穆罕默德、圣女贞德和拿破仑，都享有极高的名望，他们所取得的地位与这种名望尤为相关。

一个因旺代事件而得到将军头衔的人，他在学校里的成绩就是街头斗殴，相貌不佳，有着数学家和梦想家的美名。他们被带来了，波拿巴让他们等在外边。终于，他佩戴着自己的剑出现在了他们的面前。他带上帽子，说明了他所采取的措施，下达了命令，然后，让他们离开。奥热罗一直沉默不语。直到出门之后，他才重新找回了自信，让自己能够像通常那样骂骂咧咧地说话。他同意马塞纳的看法，这个小个子魔鬼将军让他感到敬畏，他无法理解那种一下子就把他压倒的气势。

成为大人物后，拿破仑的名望与他的荣耀与日俱增，至少在他的追随者看来，他显然已经和神灵的名望平起平坐了。再比如旺达姆将军，一个十足的粗汉子、大革命时代的典型军人，这个人比起奥热罗更加粗野。在1815年，他与阿纳诺元帅一起踏上杜伊勒利功的楼梯时，他对元帅这样说到拿破仑："那个魔鬼般的人就像对我施了幻术一样，我自己也搞不明白为什么会如此地害怕，我一看到他，就像个小孩子般禁不住打战。他简直能够让我钻到针眼中，跳到火海里。"

拿破仑对所有和他接触过的人，都能够产生这种神奇的影响。达武在谈到马雷和他本人的奉献精神时说："如果皇帝对我们说：'把巴黎毁灭，不要让一个人活着或跑掉，这对于我的政策将至关重要。'我相信马雷是会为他保密的，不过他还不至于顽固到不想让自己的家人离开这座城市。而我则会因为担心泄露真情，把我的妻儿留在家里。"

我们必须记住正是这种命令具备着让人神魂颠倒的惊人力量，才能够真正理解它。拿破仑完全意识到了自己的名望，他明白，如果他把自己身边的人看得还不如一名马夫，他的名望就会更高。这些人中包括国民议会里的一些令欧洲人胆战心惊的显赫人物。当时的许多闲谈都可以说明这一事实。在一次国务会议上，拿破仑就曾粗暴地羞辱过伯格诺，那种无礼的态度就像是对待一个男仆。产生效果后，拿破仑走到伯格诺面前说："喂，笨蛋，你找到你的脑子了吗?"伯格诺，一个身形如鼓手长一般高大的人，深深地躬着腰。而那个小个子伸手揪住大个子的耳朵，把他提了起来。"这是令人心醉的宠信的表示。"伯格诺写道，"这是主人发怒时常见的亲切举动。"

这些事例可以使人清楚的认识到，名望能够产生多么无耻的陈词滥调。它也能够使我们看到大暴君对他的喽啰们极为轻蔑的态度，他甚至只把他们看作是奴隶来对待。当拿破仑孤身一人从厄尔巴岛返回法国时，面对一个对他的暴政想必已感到厌倦的大国，却能闪电般地征服整个法国。他只须看一眼那些派来阻挡他、曾发誓要完成自己使命的将军们，他们便没做任何商量地屈服了。

英国将军邬斯利写道："拿破仑，一个来自他的王国厄尔巴岛的逃犯，几乎是孤身一人在法国登陆，在短短几周之内便把含法国国王统治下的法国权力组织统统推翻。想证明一个人的权势，还有比这更为惊人的方式吗？在他的这场最后的战役中，从头至尾，他对同盟国又施加了多么惊人的权势！他们让他牵着鼻子走，他差一点就打败了他们！"

他的名望长于他的寿命，而且有增无减。他的名望让他的一个籍籍无名的侄子变成了皇帝。直到今天他的传奇故事仍然不绝于耳，足见对他的怀念是多么得强烈。拿破仑随心所欲地迫害人，为了一次次的征伐，让数百万人死于非命。只要你有足够的名望和付诸实施的天才，人们就会允许你这样做。

不错，我所谈的都是关于名望的一些非同寻常的例子。但是为了明白那些伟大的宗教、学说和帝国的起源，说说这些事例也是有好处的。如果没有这种名望对群众的影响，这些发展就会成为不可思议的事情。

然而，名望也并不是完全以个人的权势、军事业绩或宗教敬畏作为基础的。它也可以有比较平庸的来源，但是它的力量也会相当可观。在我们这个时代就有若干个这样的事例。就像那个把大陆一分为二，改变了地球面貌和通商关系的著名人物，这是能够让后人世代不忘的惊人事例之一。他实现了自己的伟大壮举，那是因为他拥有强大的意志，也因为他能够让周围的人群为之着迷。他只用自己的表现来说话，以此来克服他所遇到的无数反对。他的言语简洁有利，他的魅力足以化敌为友。虽然英国人竭力反对他的计划，但是当他一出现在英国，就把所有的选票都争取了过来。他晚年的时候在路过南安普顿时，一路上教堂钟声不断。如今在英国又有一场运动将要展开，要为他竖立一座雕像。

征服了必须征服的一切，人和事、沼泽、岩石、沙地等等之后，他不再相信还有什么事情能够阻挡他，他想在巴拿马再挖一条苏伊士运河。他还是按照老办法着手准备这项工程，但是他已经一把年纪了。此外，虽然有移山填海的信念，但是如果那山太高大了，也是没办法移动的。山总是会进行抵抗的，后来真的发生了灾难，也抹去了这位英雄身上的耀眼光环。他的一生说明了名望如何出现，也说明了名望如何消失。在成就了可以同历史上最伟大的英雄相媲美的业绩之后，他却被自己家乡的官僚打入了最下贱的罪犯之流。在他去世的时候甚至无人留意，灵柩经过的地方，是一群无动于衷的民众。只有外国政府像对待历史上每个最伟大的人一样，怀着敬意对他表示纪念。

我们上面提到的这些事实仍然属于极端的事例。只有把名望置于一系列极端的事例中，才能对名望的心理学有细致的认识。这一系列事例的一端连着宗教和帝国的创立者，另一端则连着以一顶新帽子或是一件新服饰向邻居炫耀的人。

在这一系列事例的两极之中，科学、艺术、文学等等这些文明中的各种不同因素，所引起的一切不同形式的名望，都有其立足之地。我们还可以看到，名望是说服群众的一个基本因素，享有名望的人、观念或物品，会在传染的作用下，立刻受到人们自觉不自觉的模仿，使整整一代人接受某些感情或表达思想的模式。再进一步说，这种不自觉的模仿，解释了它的彻底性这一事实。临摹某些原始人的单调色彩和僵硬姿态的现代画家，很少能够比他们灵感的来源更有生命力。他们相信自己的真诚，但若是没有哪个杰出的大师复活了这种艺术形式，人们便会一直只看到他们幼稚低级的一面。那些模仿另一位著名大师的艺术家，在他们的画布上涂满了紫罗兰色的暗影，但是他们在自然界并没有看到比50年前更多的紫罗兰。他们是受了另一位画家的个性和特殊印象的影响，即受到了他的“暗示”，而这位画家尽管古怪，却成功的获得了巨大的名望。在文明的所有因素中,都可以举出类似的例子。

基于以上论述,我们可以知道名望的产生与若干因素有关,而这其中成功永远是最重要的因素。每一个成功者,每一个得到承认的观念,只是因为成功这一事实就不会再受到人们的怀疑了。成功是通向名望的主要阶梯,能够证明这一点的就是,成功一旦消失,名望几乎也总是随之消失。昨日还受群众拥戴的英雄一旦失败,今天就会受到侮辱。当然,名望越高,反应也就会越强烈。在这种情况下,群体往往会把陌路英雄当作自己的同类,并且为自己曾向一个已经不复存在的权威点头哈腰而进行报复。比如当年罗伯斯庇尔在把自己的同伙和大量的人处死时,他享有巨大的名望。而当他的权力因为几张选票的转移被剥夺时,他便立刻失去了名望。在群体的齐声咒骂中,他被送上了断头台,就像他不久前对待他的牺牲品一样。信众们总是会穷凶极恶的打碎他们以前的神灵塑像。

缺少成功的名望,是会在极短的时间里消失的。不过它也可以在探讨中不断地受到侵蚀,只是需要的时间会更长一些。不管怎么说,探讨的力量是极为可靠的。当名望成为问题时,便不再是名望。能够长期保持名望的神与人,对探讨是绝不会宽容的。为了让群众敬仰,必须同它保持一定的距离。

第四章　群体的信念和意见的变化范围

提要:(1) 牢固的信念。某些普遍观念不易改变;它们塑造着文明的进程;根除它们极其不易;这其中尊重不宽容是一个民族的美德;信念在哲学上的荒谬性不妨碍它的传播。(2) 群体意见的多变。那些不是来自普遍信念的意见极为容易变迁;近百年来观念和信仰的多样化;这种多样化的真正局限;受到多样化影响的事物;今天普遍观念的消失进程中,混乱的报业极度扩张造成了意见的多变;在直接意见面前,政府现在很无力,不能像以前那样；因为意见的极度分歧，防止了今天的专横暴政。

(1) 牢固的信念

生物的解剖学特征和心理特征有着密切的相似之处。我们会看到，在这些解剖学特征中，有一些不易改变或只有轻微改变的因素，它们的改变是需要以地质年代来计算的。除了这些稳定的、不可摧毁的特征之外，还可以看到一些非常容易改变的特征，比如利用畜牧和园艺技术，就可以很容易的改变这些特征，有时甚至会达到让观察者看不到那些基本特征的效果。

我们也可以在道德特征上看到同样的现象。一个种族既有不可变的心理特征，也有一些可变的因素。所以在引进一个民族的信仰和意见时，在一个牢固的基础架构之上，总能观察到一些嫁接在上的意见，它们的多变就像岩石上的流沙一样。

因此，群体的意见和信念也可以分成明显不同的两类。一类是重要而持久的信仰，它们可以保持恒久不变，整个文明也许就是以此为基础的。比如像过去的封建主义、基督教和新教，而在我们这个时代则有民族主义原则和当代的民主和社会主义观念。另一类则是一些短暂而又易变的意见。它们通常是那些每个时代都在生生灭灭的普遍学说的产物,关于这方面的例子,有影响文学艺术的各种理论,比如浪漫主义、自然主义或神秘主义等理论。这些意见通常都是表面的,一如时尚般多变。它们就像一潭深水的表面不断出现而又消失的涟漪。

伟大的普遍信仰数量是极其有限的。它们的兴衰是每一个文明种族历史上备受瞩目的事件,是它们构成了文明的真正基础。

要用一时的意见来左右群众的头脑不难,但想要让信仰在其中长久的扎根却着实不易。不过,一旦这种信念得到确立,要想再根除它也同样非常困难。一般只有通过暴力革命的手段才能够对它们进行革新。即使信念对人们的头脑基本上失去控制时,也同样需要借助于革命的力量。在这种情况之下,革命的作用就是对差不多已经被人抛弃的东西做最后的清理工作,因为习惯势力会阻碍人们完全地放弃它。一场革命的开始,事实上就是一种旧信念的末日。

我们可以很容易地辨认出一种信念开始衰亡的确切时刻,那就是它的价值开始受到质疑的时候。所有的普遍信念都只不过是一种虚构,它唯一得以生存的条件就是不能对它进行审查。

不过,即便是一种信念已经摇摇欲坠时,那些以它为根据而建立起来的制度仍旧会保持力量，从而消失得十分缓慢。到最后，当信念的余威散尽时，那些建立在它上面的一切也会很快开始衰亡的。到目前为止，还没有哪个民族能够在没有下决心破坏其全部文明因素的情况下实现它的信仰的转变。在它一直转变到接受新的普遍观念之前，该民族都会始终处于一种无政府状态之中。普遍信念是文明不可缺少的支柱，它们决定着各种思想倾向。只有它们能够激发信仰并形成责任意识。

自始至终，所有民族都非常清楚获得普遍信念的好处，它们本能的认识到这种信念的消失会是它们衰败的信号。正是他们对罗马狂热崇拜的信念，使得罗马人能够征服世界。而当这种信念寿终正寝的时候，罗马也就注定会衰亡。对于那些毁灭罗马文明的野蛮人来说，也只有当他们具备了某种共同接受的信念时，才会使得他们取得一定的团结，从而摆脱无政府状态，也才能够做到这一点。

我们总会发现各民族在捍卫自己的意见时，常常表现出不宽容的态度，这一点显然是有原因的。这种对哲学批判表现出来的不宽容的态度，正代表着一个民族生命中最必要的品质。在中世纪，为了寻找或是坚持普遍信仰，才有那么多发明创新者被罚以火刑。即使他们逃脱了殉道，也难免会死于绝望。正是出于对这些信念的捍卫，世界上才有一幕幕可怕的混乱不断上演，也才有千千万万的人战死沙场或将死于那里。

要想建立起普遍信念，它的道路可谓是艰难曲折的，不过一旦它站稳了脚跟，它又会长久具备不可征服的力量，无论从哲学上看它是多么的荒谬，它都会进入最清醒的头脑。在长达1500年的时间里，欧洲各民族不是一直认为，那些像莫洛克神一样野蛮的宗教神话是不容争辩的吗？有个上帝因对他自己创造出来的动物不听话，便进行自我报复，让其儿子承受了可怕的酷刑，在十多个世纪里，居然一直没人认识到这种神话荒谬至极。不过也有天赋异禀者，如伽利略、牛顿、莱布尼茨，一刻也没有想到过怀疑这种说教的真实性。普遍信仰有催眠作用，没有任何事情比这个事实更典型，也没有任何事情能更确切地表明，我们的理智有着令人汗颜的局限性。

新的信念一旦生根于群体的头脑中，就会变成鼓舞人心的活水源头。经由此会发展出各种制度、艺术和生活方式。处于这种环境之下的人们，受着它的绝对控制。实干家们一心要让这种普遍接受的信仰变成现实，立法者一心想把它付诸实践，哲学家、艺术家和文人则全部陶醉在如何运用不同的方式来表现它，除了这些，便不作他想了。

一些短暂的观念也可以从基本信念中派生出，然而它们总是具有那些信念所赋予它们的烙印。不管是埃及文明，中世纪的欧洲文明，还是阿拉伯地区的穆斯林文明，都是寥寥几种宗教信仰的产物，这些文明中即便是最微不足道的事物，也都留下了它们一眼就能辨认出来的印记。

因此，幸亏拥有这些普遍信念，每个时代的人都在一个由相似的传统、意见和习惯组成的基本环境中成长，他们也不能摆脱这些东西的束缚。人的行为首先受到他们的信念支配，也受由这些信念所形成的习惯支配。这些信念调整着我们生活中那些最轻微的行动，即使是最具独立性的精神也无法摆脱它们的影响。唯一真正的暴政，是那些在不知不觉中支配着人们头脑的暴政，那是因为你无法同它作战。是的，提比略、成吉思汗和拿破仑都是可怕的暴君，但是躺在坟墓深处的摩西、佛祖、耶稣和穆罕默德，对人类实行着更深刻的专制统治。人们可以利用密谋来推翻一个暴君，而对牢固的信念却无从下手。在同罗马天主教的暴力对抗中，尽管群体的同情显然是站在它这一边，但最终屈服的还是法国大革命，尽管它采用了像宗教法庭一样无情的破坏手段。人类所知道的唯一真正的暴君，历来就是他们对死人的怀念或他们为自己所编织出来的幻想。

是的，提比略、成吉思汗和拿破仑都是可怕的暴君，但是躺在坟墓深处的摩西、佛祖、耶稣和穆罕默德，对人类实行着更深刻的专制统治。

普遍的信念从哲学上说通常都十分荒谬，但这从来都不会成为它们获得胜利的障碍。当然，如果这些信念缺少了提供某种神奇的荒谬性这一条件，它们也不可能获胜。因此，今天的社会主义信念虽有着明显的破绽，这并没有阻止它们赢得群众。这种思考得出的唯一结论是，和所有宗教信仰相比，其实它只能算是等而下之的信仰，因为前者所提供的幸福理想只能实现于来世，因此也无法反驳它，而社会主义的幸福理想要在现世得到落实，因而只要有人想努力实现这种理想，它所许诺的空洞无物立刻就会暴露无遗，从而使得这种新信仰身败名裂。因此，它的力量的增长也只能到它获得胜利，开始实现自身的那天为止。由于这个原因，这种新宗教虽然像过去所有的宗教一样，也以产生破坏性影响为起点，但是将来它并不能够发挥出创造性的作用。

（2）群体意见的多变

我们在以上阐述了牢固信念的力量，不过还有些不断生生灭灭的意见、观念和思想在这个表面上生长。这其中一些也许活不过一天，较重要的也不会比一代人的寿命更长。我们已经指出，因为它们总是受到某些种族意识的影响，所以这种意见的变化有时只不过是些表面现象。比如在评价法国政治制度时我们说明，各个政党表面上看机器不同，有保皇派、激进派、帝国主义者、社会主义者等等，但是它们都拥有一个绝对一致的理想，而且这个理想是完全由法兰西民族的精神结构决定的。因为在另一些民族中，我们会在相同的名称下看到一些截然相反的理想。不管我们给那些意见起什么样的名称，还是那些骗人的把戏，都不会改变事物的本质。大革命时代的人久经拉丁文学的熏陶，他们的眼中只有罗马共和国，不管是采用它的法律、权标还是法施，但他们并没有因此而变成罗马人，因为罗马人是处于一个有着强大的历史意义的帝国统治之下。哲学家的工作，就是研究那些古代的信念，以及在它们表面变化的背后是什么东西在支撑着，并在不断变化的意见中找出受普遍观念和种族特性决定的成分。

如果没有这种哲学上的检验，人们还以为群众在经常随意地改变他们的政治或宗教信仰。我们看到一切历史，无论是政治的、宗教的、艺术的或文学的历史，似乎都证明了事情原本就是这样。我们以法国历史上非常短暂的一个时期来做例子，即 1790 年到 1820 年这 30 年的时间，这也恰好是一代人的时间。在这段时间，我们看到，最初是保皇派的群体变得十分革命，然后成为极端的帝国主义者，最后又变成了君主制的支持者。在宗教问题上，他们在这段时间从天主教倒向无神论，然后倒向自然神论，最后又回到了最坚定的天主教立场。这些变化不单发生在群众中，同样发生在他们的领导者中。令人吃惊的是，国民公会中的一些要人，国王的死对头，既不相信上帝也不相信主子的人，竟然会变成拿破仑恭顺的奴仆，在路易十八的统治下，他们又手持蜡烛虔诚地走在宗教队伍的中间。

群众的意见在之后的几年时间里又发生了无数次的变化。本世纪初“背信弃义的英国佬们”在拿破仑的继承者统治时期里，变成了法国的盟友。就连两度受到法国入侵的俄国，看 着法国的倒退，怀着满意的心情与它成为朋友。

在文学、艺术和哲学中，接下来的意见变化就显得更加的迅速。浪漫主义、自然主义和神秘主义等等，轮番登场，生生灭灭。昨天还受人吹捧的艺术家和作家，明天就可能会被人痛加斥责。

但是，当我们深入分析所有这些表面的变化时，请看看我们发现了什么。一切与民族的普遍信念和情感相违背的东西，都不会有持久力，逆流不久之后便又回到了主河道。如果与种族的任何普遍信念或情感没有一点关系，那就只能听任机遇的摆布，从而不可能具有稳定性的意见，或者，假如这种说法还有神秘可取之处，那就是它会根据周围的环境而发生变化。它们只能是在暗示和传染的作用下形成的一种暂时现象。它们匆匆成熟,又匆匆消失,就像海边沙滩上被风吹成的沙丘。

目前,群体中易变的意见比以往任何时候都多,这里有三种不同的原因。

首先,曾经的信仰正在日渐失去影响力,所以它们也无法再像以前那样,能够形成当时的短暂意见。普遍信仰的衰落,正好为那一大堆既没有历史也没有未来的偶然意见提供了场所。

其次,则是群体的势力在不断地增长,而且没有哪种力量来与之抗衡。我们已经了解了群体的观念是极其善变的,正好可以毫无束缚地表现了出来。

最后,则是因为报业的发展,它们完全把相互对立的意见带到了群众面前。每一种个别的意见所产生的暗示作用,马上就会受到对立意见的暗示作用的破坏。其结果就是任何意见都难以得到普及,因此它们全都成了过眼云烟。今天,一种意见还来不及被足够多的人接受继而成为普遍意见,便已悄然消逝了。

这些不同的原因造成了一种世界史上的全新现象,它同时也是这个时代最显著的特点。我这里指的是政府在领导舆论上的无能。

曾经,就在不久前,政府的措施、少数作家和少数几家报纸的影响，就是公众舆论真正的反映者，而今天作家已经没有任何影响力，报纸则变成了只反映意见。对于政客来说，他们不要说是引导各种意见，只怕是追赶意见还来不及。他们害怕意见，有时甚至变成了恐惧，这使得他们被迫采取极不稳定的行动路线。

于是，群体的意见越来越倾向于转变成政治的最高指导原则。它已经发展到了这种地步，竟然能够迫使国家之间相互结盟，比如最近的法俄同盟，就差不多完全是一场大众运动的产物。目前一种奇怪的病症是，人们看到教皇、国王和皇帝们也同意接受采访，好像他们也愿意把自己在某个问题上的看法交给群众来评判。在政治事务上不可感情用事，过去这样说也许还算正确，但是当政治越来越受到善变的群众冲动的支配时，而他们又不受理性的影响，只受情绪支配时，我们还能再这样说吗？

至于曾经引导意见的报业，就像政府一样，它们在群众势力面前也变得屈尊求全。当然，它仍然有很大的影响，但这只不过是因为它只一味反映群众的意见以及这些意见不断的变化。既然报业已经成了仅仅提供信息的部门，它便放弃了让人接受某种观念或学说的努力。它在公众思想的变化中也变得随波逐流。因为害怕失去自己的读者，也是出于竞争的必要，它不得不这么做。曾经的那些稳健而有影响力的报纸，如《宪法报》、《论坛报》

或《世纪报》,它们还被上一代人当作智慧的传播者,现如今它们不是已经消失,就是变成了典型的现代报纸,而最有价值的新闻也夹杂在各种轻松话题、社会见闻和金融谎言之间。现在,也没有哪家报纸富裕到能够让它的撰稿人传播自己的意见,因为现在的读者只想得到消息,对那些经过深思熟虑而做出的断言一概表示怀疑,这种意见对其价值微乎其微。甚至连评论家也不再能肯定地说一本书或一台戏获得了成功。他们能够恶语中伤、但不能够提供服务。报馆十分清楚,在形成批评或个人意见上没有任何有用的东西,所以它们只采取压制批评的立场,仅限于提一提庶民,再加上寥寥几句"捧场的话"。在几年的时间里,同样的命运也有可能降临到戏剧评论的头上。

今天,密切关注各种意见,已经成为报社和政府的第一要务。它们需要在没有任何中间环节的情况下知道一个事件、一项法案或一次演说所造成的效果。这可不是件轻松的任务,因为没有任何事情比群众的想法更为多变,今天,也没有任何事情,能够像群众对他们昨天还赞扬的事情今天便给予痛骂的做法更为常见。

没有任何引导意见的力量,加之普遍信仰的毁灭,造成的最终结果就是一切秩序都存在着极端分歧的信念,群众也越来越不关心所有不明确触及他们直接利益的事情。比如社会主义这种新信条的问题，只在那些很没有文化的阶层，如矿山和工厂里的工人中间能够得势，中产阶级的下层成员及受过一些教育的工人，要么变成了彻底的怀疑论者，要么抱着极不稳定的意见。

在过去的25年里，朝着这个方向演变的速度是相当惊人的。在这之前的那个时期，虽然与我们相距还不算太远，人们的意见还仍然大致存在着一般趋势，它们的产生是因为接受了一些基本的信仰。只根据某人是君主制的拥护者这一事实，即可断定他持有某些明确的历史观和科学观；只根据某人是共和主义者，便可以说他有着完全相反的观点。拥护君主制的人十分清楚，人不是从猴子变过来的，而共和主义者同样十分清楚，人类的祖先就是猴子。拥护君主制的人有责任为王室说话，共和主义者则必须怀着对大革命的崇敬发言。凡是提到一些人名，如罗伯斯庇尔和马拉，语气中必须含有宗教式的虔诚，还有一些人名，如恺撒、奥古斯都或拿破仑，也万万不可在提到时不予以猛烈的痛斥。甚至在法兰西的索邦，也普遍存在着这种理解历史的幼稚方式。

目前，由于讨论和分析的缘故，一切意见都失去了名望；它们的特征很快退化，持续的时间短到很难唤起我们的热情。现代人变得日益的麻木不仁。

对于理念的衰退我们不必过于悲伤。这是一个民族无可争辩的生命衰败的征兆。当然,伟大的人、具备超凡眼光的人、使徒和民众领袖,总之,那些真诚的、有强烈信念的人,在与专事否定、批判的人或麻木不仁的人相比,能够发挥更大的影响。不过,我们也最好不要忘记,由于目前群众拥有庞大的势力,因此如果有一种意见赢得了足够的声望,从而使得自己能够得到普遍接受,那么它很快便会拥有强大的专制权力,使得一切事情全部服从于它,如此一来,自由讨论的时代便会长久地消失。群众偶尔是个步态悠闲的主人,就像赫利奥加巴勒和提比留斯一样,但是他们也是狂暴而反复无常的。当一种文明让群众占了上风时,它便几乎没有机会再延续下去了。如果说还有什么事情能够推迟自身毁灭的话,那就是极不稳定的群众意见,以及他们对一切普遍信仰的麻木不仁。

第三卷　不同群体的分类及其特征

第一章　群体的分类

提要：群体的一般性分类(1) 异质性群体。它们的不同类型；种族的影响；群体精神敌不过种族精神；种族精神代表文明状态，群体精神代表野蛮状态。(2) 同质性群体。它们的不同类型；宗派、身份团体和阶级。

我们已经在本书中论述了群体心理的一般特点。现在，仍然需要进一步说明的是，不同类型的集体在一定刺激因素的影响下，变成群体时各自所具有的特征。我们先来谈谈群体的分类。

以简单的人群作为起点。当许多人组成的人群是属于不同种族时，我们便看到了它处于初级状态下的形态。在这种情况下，能够形成团结的唯一共同纽带，是头领多多少少受到尊敬的意志。在几百年的时间里不断进犯罗马帝国的野蛮人，来源是非常复杂的，所以把他们作为这种人群的典型。

不同种族的个人组成的人群更高的层面，是那些在某些影响下获得了共同的特征，从而逐渐形成了一个种族的人群。它们有时表现出某些群体的特征，不过这些特征在一定程度上不如种族的因素强大。

在本书阐述过的那些影响作用下，这两种人可以转变成有机的或心理学意义上的群体。我们把这些有机的群体分为以下两类：

(1) 异质性群体

a. 无名称的群体（如街头群体）

b. 有名称的群体（如陪审团、议会等）

(2) 同质性群体

a. 派别（政治派别、宗教派别等）

b. 身份团体（军人、僧侣、劳工等）

不同种族的个人组成的人群更高的层面，是那些在某些影响下获得了共同的特征，从而逐渐形成了一个种族的人群。

c. 阶级(中产阶级、农民阶级等)

我们将简单地指出这些不同类型群体的特征。

(1) 异质性群体

本书前面研究的一直就是这种群体的特点。它们是由有着各种特点、职业、智力水平的个人组成的。

我们只根据事实就已经知道,人作为行动群体中的一员,他们的集体心理与他们的个人心理有着本质的差别,而且他们的智力也会受到这种差别的影响。我们已经知道,智力在集体中不起作用,群体完全处在无意识情绪的支配之下。

一个基本因素,即种族的因素,使得不同的异质性群体几乎完全不同。

我们常常谈到种族的作用,指出它是导致人们行动力最强的决定性因素。它的作用在群体的性格中也是有迹可寻的。由偶然聚集在一起的个人组成的群体,如果他们全部是英国人或中国人,同有着任何不同特征但属于同一种族的个人,如俄国人、法国人或西班牙人,组成的群体是有很大的差别。

当环境形成了一个群体,并且其中有着不同民族但比例大体相同的个人时，虽然这种情况非常罕见。他们所继承的心理成分给人的感情和思想方式所造成的巨大差异，立刻就会变得十分突出。不管他们以多么一致的利益聚集在一起，都会发生这种情况。社会主义者每一次试图在大型集会中把不同国家的工人代表集合在一起的努力，最终都会以公开的分歧收场。拉丁民族的群体，不管它多么革命或者多么保守，为了实现自己的要求，无一例外地求助于国家的干预。它总是倾向于集权，总是或明或暗地倒向独裁统治。与之相反，英国人或美国人的群体就不会把国家当回事，他们只求助于个人的主动精神。法国的群体特别注重平等，英国的群体特别注重自由。这些差异解释了为何几乎有多少国家就会有多少种不同形式的社会主义和民主。

由此看出，种族的气质对群体性格有着重大的影响。它是一种决定性的力量，限制着群体性格的变化。因此我们得出了一条基本定律，它就是：由于种族精神过于强大，群体的次要性格在相比之下就显得并不是十分重要。群体状态或支配群体的力量类似于野蛮状态，或者说是回归到了这种状态。种族也正是通过结构稳定的集体精神，才让自身在越来越大的程度上摆脱了缺乏思考的群体力量，走出了野蛮状态。除了种族因素之外，对异质性群体最重要的分类，就是有无名称的群体。无名称的群体有如街头群体，有名称的群体则如精心组织起来的议会和陪审团。前一种群体缺乏责任感，而后一种群体则发挥了这种责任感，这往往使它们的行动有非常大的不同。

（2）同质性群体

同质性群体包括：(1) 派别；(2) 身份团体；(3) 阶级。

派别是同质性群体组织过程的第一步。一个派别包括在教育、职业和社会阶级的归属方面大不相同的个人，把他们联系在一起的是共同的信仰。这方面的例子如宗教派别和政治派别。

身份团体是最易于组织起群体的一个因素。派别中含有职业、教育程度和社会环境大不相同的个人，他们仅仅是被共同的信仰联系在一起的，而身份团体则由职业相同的个人组成，因此他们也有相似的教养和相当一致的社会地位。这方面的例子如军人团体和僧侣团体。

阶级则是由来源不同的个人组成的，和派别有所不同，使他们结合在一起的不是共同的信仰，也不像身份团体那样是因为相同的职业，而是某种利益、生活习惯以及几乎相同的教育。这方面的例子是中产阶级和农民阶级。

本书只讨论异质性群体，我将把同质性群体（派别、身份团体和阶级）放在另一书本里研究，因此我不打算在这里谈论后一种群体的特点。在结束对异质性群体的研究时，我会考察一下几种典型的特殊群体。

第二章　被称为犯罪群体的群体

提要:被称为犯罪群体的群体;群体犯法时在心理上也许不能称之为犯罪;群体行为绝对是无意识的;各种不同的事例;"九月惨案"参与者的心理;他们的逻辑、残忍和道德观念。

在兴奋期过后,群体便会进入一种完全自动的无意识状态。处于这种状态下,它受着各种暗示的支配,因此似乎很难把它定义成一个犯罪群体。我保留这一错误的定性,是因为最近一些心理学研究使它变得十分流行。不错，群体的一些行为，如果只是就其本身而言，的确是犯罪行为，但是在某些情况下，这种犯罪行为又同一只老虎为了消遣而让其幼虎把一个印度人撕得血肉模糊，然后再吃掉它的行为没什么两样。

通常，群体犯罪的动机是一种强烈的暗示，参与这种犯罪的个人事后会坚信他们的行为是在履行责任，而这与平常的犯罪是大不相同的。

群体犯罪的历史证明了这一事实。

巴士底狱监狱长的遇害可以作为一个典型的事例。在这位监狱长的堡垒被攻破后，一群极度兴奋的人把他团团围住，从四面八方对他拳脚相加。有人建议吊死他，砍下他的头，然后把它挂在马尾巴上。在反抗过程中，他偶尔踢到了一个在场的人，于是有人建议，让那个挨踢的人割断监狱长的喉咙，他的建议立刻博得了群众的一致赞同。

“这个人，就是一个干完活的厨子，出于无所事事的好奇心来到巴士底狱想看看到底发生了什么，因为普遍意见就是这样，他也相信这是一种爱国行为，甚至觉得杀死一个恶棍应该得到一枚勋章。他用一把借来的刀宰切那露出来的脖子，因为刀子有些钝，他没能切动。于是他从自己的口袋里掏出一把黑柄小刀，既

通常，群体犯罪的动机是一种强烈的暗示，参与这种犯罪的个人事后会坚信他们的行为是在履行责任，而这与平常的犯罪是大不相同的。

然他有厨子的手艺，他对切肉的经验应该极其丰富，于是他成功地完成了命令。”

在以上这个案例中，清楚地反映了这一过程的作用。我们听从他人的怂恿，它会因为来自集体而更为强大，杀人者认为自己做了一件很有功德的事情，既然他得到了无数同胞的赞同，他这样想也是很自然的。这种事情在法律上可以视为犯罪，但在心理上却绝非犯罪。

犯罪群体的一般特征与我们在所有群体中看到的特征相同：易受怂恿、轻信、易变，把良好或恶劣的感情加以夸大、表现出某种道德，等等。

我们会发现，在法国历史上留下最凶残记录的群体，即参与“九月惨案”的群体中间，这些特征一应俱全。事实上，它与制造圣巴托洛缪惨案的群体十分相似。这里我引用了泰纳根据当时的文献所做的详细描述。

没有人确切地知道是谁下了命令，“杀掉所有犯人空出监狱来！”可能是丹东或其他什么人，这一切都不重要。我们关心的事实是，参与屠杀的群体受到了强烈的怂恿。

这个杀人群体大约杀了300人，而且它完全是个典型的异质性群体。这个群体里除了少数职业无赖外，主要是一些小店主和各行各业的手艺人:靴匠、锁匠、泥瓦匠、店员、邮差,等等。在他人的怂恿下,他们就会像我们前面提到的厨子一样,完全相信自己是在完成一项爱国主义的任务。他们挤进一间双开门的办公室,既充当法官又扮演执行人,但是他们丝毫不认为自己是在犯罪。

他们深信自己承担着重要的使命,着手搭起了一座审判台,与这些行动联系在一起的是,他们马上就表现出群体的率真和幼稚的正义感。因为考虑到受指控的人数众多,他们决定把贵族、僧侣、官员和王室仆役一律处死,没有必要对他们的案件一一进行审判。这就意味着在一个杰出的爱国者看来,对于所有的个人,仅凭职业就可以证明他是不是罪犯。其他人则根据他们个人的表现和声誉做出判决。群体幼稚的良知在这种方式中得到了充分满足。现在可以合法地进行屠杀了,残忍的本能也可以尽情地释放了。我在别处讨论过这种本能的来源,集体总是会将它发挥得淋漓尽致。不过正像群体通常所表现出的那样,这种本能并没有妨碍他们表现出一些相反的感情,他们的善心常常和他们的残忍一样的极端。

“他们对巴黎的工人有着极大的同情和深刻的理解。在阿巴耶,那帮人中的一员在得知囚犯24小时没喝上水后,简直想把狱卒打死，要是没有犯人们为其求情，他是一定会这样做的。当一名囚犯被临时法庭宣告无罪后，包括卫兵和刽子手在内的所有人都高兴地与他拥抱，疯狂地鼓掌。”然后大屠杀开始了。在这个过程中，欢快的情绪从未间断过。他们围在尸体旁跳舞唱歌，“为女士们”安排了长凳，以享受观看处死贵族的乐趣。而且这种表演始终充满着一种特殊的正义气氛。

阿巴耶的一名刽子手当时抱怨的说，为了让女士们看得真切，把她们安排得太近了，使在场的人中只有很少的人享受到了痛打贵族的乐趣。于是决定让受害者在两排刽子手中间慢慢走过，让他们用刀背砍他以延长其受苦的时间。在福斯监狱，受害人被剥得精光，在半小时里施以“凌迟”，直到每个人都看够了以后，再来上一刀切开他们的五脏六腑。

刽子手并非全无顾忌，我们指出过的存在于群体中的道德意识也表现在他们身上。他们拒绝占有受害人的钱财和首饰，把这些东西全都放在了会议桌上。

在他们的所有行为中，都可以看到群体头脑特有的那种幼稚的推理方式。因此，在屠杀了 1200 到 1500 个民族的敌人之后，有人甚至提议说，把那些关着的老年人、乞丐和流浪汉等没用的人全部杀掉，他的建议马上就被采纳了。这些人中间当然也有人民的敌人，比如说一个名叫德拉卢的妇女，一个下毒的寡妇，“她肯定对坐牢非常愤怒，如果她可以的话，相信她会一把火烧掉整个巴黎。她肯定这样说过，她已经这样说过了，干脆除掉她算了。”这种说法好像很令人信服。囚犯们被无一例外地处死了，这其中也包括50名12岁到17岁的儿童，他们当然也变成了人民公敌，所以全都被解决掉了。

当一周的工作结束时，所有这些处决也终于停止，刽子手们大概可以休息一下了。他们仍然深信自己为祖国立了大功，于是前往政府请赏。最热情的人甚至要求被授予勋章。

1871年巴黎公社的历史也提供了一些类似的事实。既然群体的势力不断增长，政府的权力在它面前必然会节节败退，因此我们一定还会看到许多性质相同的事情。

第三章　刑事案件的陪审团

提要:陪审团的一般特点;统计数据显示,它们的判决独立于它们的人员成分;影响陪审团的方法;辩护的形式与作用;说服关键人物的技巧;令陪审团放纵或严厉的不同罪行;陪审团制度的好处,以及它被裁判官所替代而导致的危险。

由于我们不可能把所有类型的陪审团都一一进行研究,因此,我只想评价一下最重要的——法国刑事法庭的陪审团。这些陪审团为有名称的异质性群体提供了一个极好的事例。我们会看到，它也表现出易受暗示和缺乏推理能力的特点。当它处在群众领袖的影响之下时，也主要受无意识情绪的支配。在这个研究过程中，我们还会不时看到一些不懂群众心理的人所犯下错误的有趣的事例。

首先，组成群体的不同成员在做出判决时，与其智力水平无关紧要，陪审团为此提供了一个很好的例子。我们已经知道，当一个善于思考的团体要求就某个非完全技术性的问题发表意见时，智力是起不到多少作用的。例如，一群科学家或艺术家，他们组成一个团体，在对一般性问题做出判断时，与一群泥瓦匠或杂货商的判断几乎没有什么差异。在不同的时期，尤其是在1848年以前，法国政府规定对召集起来组成陪审团的人要谨慎选择，要从有教养的阶层选出陪审员，即选择教授、官员、文人等等。如今，大多数陪审员来自小商人、小资本家或雇员。然而，令专家们大惑不解的是，无论组成陪审团的人是什么样的，他们的判决结果却总是一样的。甚至包括哪些敌视陪审制度的地方长官，也不得不承认判决的准确性。贝拉·德·格拉热先生是刑事法庭的前庭长，他在自己的《回忆录》中用下面的话表达了自己的看法：

现在，市议员掌握着选择陪审员的权利。他们根据自己环境中的政治和选举要求，把人们列入名单或是从名单上划掉。……大多数陪审团的人都是商人，他们是不像以前成员那样重要的人，还有一些属于某个政府部门的雇员。……只要法官的开庭时间表一定，他们的意见和专长就不再有什么用了。许多陪审员都有着新手般的热情，是有着最良好意图的人，他们被同时放在了恭顺的处境下，陪审团的精神并未改变：它的判决结果依然不变。

对于以上这段话，我们只需要记住它的结论，而不是那些软弱无力的解释。对于这样的解释，我们也不必感到诧异，因为法官通常和地方长官们一样，对群体心理一窍不通，因此他们也不了解陪审团。我还发现了一个证据，也是出自刚才提到的这位作者的有关事实。他认为，刑事法庭上最著名的出庭律师之一——拉肖先生，总是处心积虑地利用自己的权利，在所有案件中反对让聪明人出现在名单上。但是经验终究会告诉我们，这种反对是没有任何用处的。这一点可由一个事实来证明，即今天的公诉人和出庭律师，以及所有那些关在巴黎监狱里的人，都已完全放弃了他们反对陪审员的权利。这也正如德·格拉热先生所言，陪审团的判决并无变化，“它们既不会变得更好，也不会变得更差。”

就像群体一样，陪审团也一样受着感情因素极其强烈的影响，而很少被证据所打动。一位出庭律师说，“他们看不得有位母亲用乳房喂孩子或者一个孤儿。”德·格拉热则说，“一个妇女只要装出一副唯命是从的样子，就足以赢得陪审团的慈悲心肠。”

陪审团对自己有可能成为受害者的罪行毫不留情，当然，这些罪行对社会也是最危险的，但是对于一些因为感情原因而违法的案件，陪审团却表现得十分优柔寡断。对未婚母亲的杀婴罪，或者是用泼硫酸来对付诱奸或抛弃自己的男人的妇女，他们很少表现得十分严厉，因为他们本能地感到，社会在照常运转，这种犯罪对它没有多大威胁，而且在一个被抛弃的姑娘不受法律保护的国家里，她为自己复仇，非但无害反而有益，因为这可以事先吓退那些未来的诱奸者。

陪审团就像任何群体一样，也深受名望的影响。德·格拉热先生指出，陪审团的构成虽然十分民主，他们在好恶态度上却很贵族化：“头衔、出身背景、家财万贯、名望或一位著名律师的帮助，总之，一切不同寻常或能给被告增光的事情，都会使他的处境变得极为有利。”杰出律师的主要用心所在，就是打动陪审团的感情，而且就像对付一切群体一样，不用做很多论证，或只采用十分幼稚的推理方式。一位因为在法庭上赢了官司而赫赫有名的英国大律师，总结出以下应当遵循的行为准则：

在进行辩护时，他要留心观察陪审团。有利的机会一直就有。律师依靠自己的眼光和经验，从陪审员的面容上领会每句话的效果，从中得出自己的结论。第一步是要确认哪些是陪审员已经赞同了的理由。确定他们的赞同不会花费很多工夫，然后他应把注意力转向那些看来还没有拿定主意的人，努力搞清楚他们为何敌视被告。这是他的工作中十分微妙的一部分，因为指控一个人除了正义感之外，还可以有无限多的理由。

这几句话道出了辩护术的全部奥妙。我们现在就可以理解，事先准备好的演说为何效果甚微，这是因为必须要随时根据印象来改变措辞。

辩护人不必让陪审团的所有人都接受他的观点，他只要争取那些左右着普遍观点的灵魂人物即可。这就像一切群体一样，在陪审团里也存在着少数对别人有支配作用的人。“我通过经验发现，”刚才提到的那位律师说，“一两个有势力的人物就足以让陪审团的人跟着他们走。”需要用极为巧妙的暗示取得信任的就是那两三个人。首先，最关键的事情是取悦他们。群体中成功博得其欢心的那个人，是处在一个就要被说服的时刻，这时无论向他提出什么证据，他都很可能会认为这十分令人信服。我从有关拉肖的报道中摘录了一段可以反映上述观点的趣闻轶事：

大家都知道，拉肖在刑庭审判过程的一切演说中，绝对不会让自己眼睛离开两三个他知道或感到既有影响又很固执的陪审员。通常他会把这些不易驯服的陪审员争取过来。不过有一次在外省，他不得不对付一个陪审员，他花了大半个小时，采用最狡猾的论辩，此人依然不为所动。这个人是第七陪审员，第二排椅子上的第一人。局面令人沮丧。突然，在激昂的辩论过程中，拉肖停顿了片刻，向法官说："阁下是否可以命令把前面的窗帘放下来？第七陪审员已经被阳光晒晕了。"那个陪审员脸红起来，他微笑着表达了自己的谢意。他被争取到辩方一边来了。

许多作家，其中包括一些最出众的作家，最近开展了一场反对陪审制度的强大运动，而面对一个不受控制的团体犯下的错误，这种制度是保护我们免受其害的惟一办法。有些作者主张只从受过教育的阶层招募陪审员，然而事实上我们已经证明，甚至在这种情况下，陪审团的判决也同样和目前的制度没有什么两样。还有些作者以陪审团犯下的错误为根据，希望废除陪审团而用法官取而代之。真是令人难以理解，这些一厢情愿的改革家怎么会忘了，被指责为陪审团所犯下的错误，首先是由法官们所犯下的错误，而且当被告被带到陪审团面前时，一些地方官员、督察官、公诉人和初审法庭已经认定他有罪了。由此可见，如果对被告做出判决的是地方官而不是陪审团，他将失去找回清白的唯一机会。陪审团的错误历来首先是地方官的错误。因此，当出现了特别严重的司法错误时，首先应当受到谴责的是地方官，譬如最近对医生的指控就是如此。有个愚蠢透顶的督察官，根据一位半痴呆女孩的揭发，对他提出起诉。那个女孩指控医生为了30个法郎，非法地为她做手术。若不是因为惹恼了公众，使最高法院院长立刻给了他自由，他是一定会身陷囹圄的。这个被指控的人得到了自己同胞的赞誉，这一错案的野蛮性由此昭然若揭。那些地方官自己也承认了这一点，但是出于身份的考虑，他们极力阻挠签署赦免令。在所有类似的事情上，陪审团在遇到自己无法理解的技术细节时，自然会倾听公诉人的意见，因为他们认为，那些在搞清楚最复杂的事态上训练有素的官员，已经对整个事件进行了调查。那么，谁是错误的真正制造者？是陪审团？还是地方官？我们应当大力维护陪审团，因为它是唯一不能由任何个人来取代的群体类型。只有它才能够缓解法律的严酷性。这种对任何人都一视同仁的法律，从原则上说既不考虑也不承认特殊情况。法官是冷漠无情的，他除了法律条文不理会任何事情，出于这种职业的严肃性，他对黑夜中的杀人越货者和因为贫困、因为受到诱奸者的抛弃而杀婴的可怜姑娘，会施以同样的刑罚。而陪审团会本能地感到，与逃避开法网的诱奸者相比，被诱奸的姑娘

那么，谁是错误的真正制造者？是陪审团？还是地方官？

罪过要小得多，对她应当宽大为怀。

在了解了身份团体的心理，也了解了其他群体的心理之后，对于一个受到错误指控的案件，我仍然无法认为，我不应当去和陪审团打交道，而应当去找地方官。从前者那里我还有机会找回清白，而让后者认错的机会却是微乎其微。群体的权利令人生畏，然而有些身份团体的权利更加让人害怕。

第四章　选民群体

提要：选民群体的一般特点；说服他们的办法；候选人应当具备的素质：名望的必要性；工人、农民为何很少选举自己的同行；词语和套语对选民的影响；竞选演说的一般特点；选民的意见是如何形成的；政治委员会的权力；它们代表着最可怕的专制；大革命时期的委员会；普选权虽有心理价值方面的缺陷，但不能废除；为何即使限制选举权也不会改变选举结果；所有国家的普选表达了什么。

选民群体，也就是说，有权选出某人担任某项职责的集体。他们属于异质性群体，但是因为他们的行为只局限在一件规定十分明确的事情，即在不同的候选人中做出选择，因此他们只具有我在前面所讲过的少数特征。在群体特有的特征中，他们表现出极少的推理能力，他们没有批判精神，轻信、易怒，并且头脑简单。除此之外，从他们的决定中也可以找到群众领袖的影响，和我们列举过的那些因素如断言、重复和传染的作用。

我们来看一下说服群体的办法。从最成功的办法中，可以轻而易举地发现他们的心理。

首先，候选人应当享有名望，这一点是非常重要的。能够取代个人名望的只有财富。才干甚至是天才，都不是非常重要的成功要素。

极为重要的另一点是，享有名望的候选人必须能够迫使选民不经过讨论就接受自己。选民中的绝大多数都是工人或农民，他们很少会选出自己的同行来代表自己，原因就在于这种人在他们中间没有名望。当他们偶然选出一个和自己相同的人时，一般也都是由于一些次要原因，例如为了向某个大人物或有权势的雇主泄愤，一般情况下选民都是要依靠他们，或是因为通过这种方式他能够产生一时的当家作主的幻觉。

候选人要想保证自己取得成功,仅仅拥有名望还不够。选民特别在意他所表现出来的贪婪和虚荣。为了征服选民,他必须使用最离谱的哄骗手段,还要毫不犹豫地向他们做出最令人异想天开的许诺。

如果选民是工人,那么,就要侮辱和中伤雇主,再怎么多也不过分。而对于竞选对手,必须要利用断言法、重复法和传染法,竭力让人确信他是个十足的无赖,恶行不断,并且已经是人尽皆知的事实。为任何表面证据而费心劳力是没有用的。对手如果不了解群体心理,他就会用各种论证为自己辩护,而不是把自己限制在只用断言来对付断言,如此一来,他也就没有任何获胜的机会了。

候选人的文字性纲领不可写得过于绝对,否则对手将会用它来对付你。但是在口头纲领中,就是再怎么夸夸其谈也不过分。也可以毫无惧色地承诺将做出最重要的改革。做出这些夸张的口头纲领是能够产生巨大效果的,但它们对未来并没有多大的约束力,因为这需要不断地进行观察。选民们绝对不想对此事操心,他并不想知道自己支持的候选人在实行他所赞成的竞选纲领上能够走多远,尽管他认为正是这个纲领使他的选择有了保证。

在以上这种事情中，能够看到我们前面讨论过的所有的说服因素。我们在各种口号和套话所发挥的作用中还会看到它们，这些东西神奇的控制力我们已经谈过了。一个明白如何利用这些说服手段的演说家，能够用刀剑成就的事情，他用这种办法照样也可以办得到。像不义之财、卑鄙的剥削者、可敬的劳工、财富的社会化之类的说法，永远都会产生同样的效果，哪怕它们已经被用得如此陈腐不堪。除此之外，如果候选人满嘴新词，而它们的含义又极其贫乏，也能够迎合不同的各种愿望，他也必定能够大获全胜。西班牙1873年那场血腥的革命，就是由这种含义复杂，因而每个人都可以做出自己解释的奇妙说法所引发的。当时的一位作者描述了这种说法的出现，值得引用于此：

激进派已经发现集权制的共和国其实是被乔装打扮过的君主国，于是为了迁就他们，议会全体一致宣告建立一个“联邦共和国”，虽然投票者中谁也说不清楚自己投票赞成的是什么。然而，这个说法却让人皆大欢喜。人们无比高兴并且陶醉其中。美德与幸福的王国即将在地球上诞生。共和主义者如果被对手拒绝授予联邦主义者名称，会认为自己受到了致命的侮辱。人们在大街上以这样的话互相问候：“联邦共和国万岁！”然后便响起一片赞美之声，对军队没有纪律这种奇怪的美德以及士兵自治大唱赞歌。人们对“联邦共和国”又是如何理解的呢？有些人认为它是指各省的解放，即同美国和行政分权制相似的制度；还有些人则认为它意味着消灭一切权力，迅速着手于伟大的社会变革。巴塞罗那和安达路西亚的社会主义者赞成公社权力至上，他们建议在西班牙设立一万个独立的自治区，根据它们自己的要求制定法律，在建立这些自治区的同时禁止警察和军队的存在。在南部各省，叛乱很快便开始从一座城市向另一座城市、从一个村庄向另一个村庄蔓延。还有一个发表了宣言的村庄，它所做的第一件事情，就是立刻破坏了电报线和铁路，以便切断与相邻地区和马德里的一切关系。处境最可怜的村庄注定只能寄人篱下。联邦制给各立门户大开方便之门，到处都在杀人放火，人们无恶不作。这片土地上充斥着血腥的狂欢。

谈到理性对选民的头脑可能产生的影响，要是不想对这个问题产生任何怀疑，就千万不要读那些有关选民集会的报道。在这种集会上，言之凿凿、痛骂对手，有时甚至拳脚相加，此起彼伏，但绝对听不到任何论证。即使能有片刻的安静，也只是因为有个享有“粗汉”名声的人在场，宣称自己要用一个让听众开心的麻烦问题来难倒候选人。然而反对派的满足是短命的，因为提问者的声音又会很快会被对手的叫喊声压过。从报纸上的上千个类似事例中选出来的关于公众集会的以下报道，可以作为这方面的典型代表：

会议的组织之一请大会选出一名主席，骚乱立刻就席卷了全场。无政府主义者们跳上讲台，粗暴的占领会议桌。社会主义者极力反抗；人们相互扭打，每一派都指责对方是拿了政府佣金的奸细，等等。……有一个眼睛被打青了的公民离开了会场。

在一片喧闹声中，会议只好拖延很长时间，说话的权力转移给了X同志。

这位演讲人开始激烈抨击社会主义者，他们则用"白痴、无赖、流氓"等叫骂声打断他。X同志则针对这些脏话提出一种理论，根据这种理论，社会主义者是"白痴"或"可笑之人"。

昨晚是五一节工人庆祝会的预演，阿勒曼派在福伯格宫大街的商会大厅组织了一次大会。会议的口号是"沉着冷静"。

G同志暗指社会主义者是"白痴"和"骗子"。所有这些恶言恶语都会引起相互攻讦，演讲者和听众甚至会大打出手。椅子、桌子、板凳，全都变成了武器。等等，不一而足。

我们千万不要以为，这种描述只适用于固执的选民群体，并且取决于他们的社会地位。在不管是什么样的无名称的集会中，即使参与者全部是受过高等教育的人，会上的争论也没什么两样。我已经说过，当人们聚集成一个群体时，一种降低他们智力水平的机制就会发生作用，在所有的场合都可以找到这方面的证明。例如，下面是我从 1895 年 2 月 13 日的《财报》上摘录的有关一次集会的报道：

那个晚上，随着时间的流逝，喧嚣声有增无减。我不相信有哪个演讲者能够说上两句话而不被人打断。每时每刻都有人从这里或那里大声叫喊，或者是喊声四起。掌声中夹杂着嘘声，听众中的个别成员也在不断地相互激烈争吵。一些人可怕的挥舞着木棒，另一些人不停地击打地板。打断演说的人引来一片呼喊："把他轰下去！"或是"让他说！"

C 先生一张嘴全是"白痴""懦夫""恶棍""卑鄙无耻""唯利是图""打击报复"之类的用语，他宣称要把这些东西统统消灭。等等，等等。

人们或许会问，处在这种环境里的选民怎么能够形成一致意见呢？提出这样的问题，等于是在集体享有自由的程度这件事上掩盖了一个奇怪的谬见。群体持有别人赋予他们的意见，但是他们绝不能夸口自己持有合乎理性的意见。我们在这里所谈论的事情，选民的意见和选票则掌握在选举委员会的手里。选举委员会的领袖人物一般都是些政客，他们向工人许诺种种好处，所以他们在这些人中间很有影响。谢勒先生是今天最勇敢的民主斗士之一，他说："你知道什么是选举委员会？它不多不少，正是我们各项制度的基石，是政治机器的一件杰作。今日法国就是长期受着选举委员会的统治。"

只要候选人能够被群体所接受，并拥有一定的财源，对群体产生影响并不困难。根据用款人的确认，300万法郎就足以保证布朗热将军重新当选。

选民群体的心理学就是这样。它和其他群体一样：既不更好也不更差。

所以，我从以上所讨论的并没有给出反对普选的结论。我明白了它的命运，因此出于一些实际的原因，我愿意保留这种办法。事实上，我们是通过对群体心理的调查归纳出了这些原因，基于这些考虑，我要对它们做进一步的阐述。

普选的弱点十分突出，这一点不必怀疑，人们也很难对此视而不见。不可否认，文明是少数智力超常的人的产物，他们构成了一个金字塔的顶点。随着这个金字塔的各个层级的加宽，智力也相应地越来越少，它们就是一个民族中的群众。一种文明的伟大，要是仅仅只是依靠人多势众自夸的低劣成员的选票，是不能让人放心的。另一件不用怀疑的事情则是，群众投下的选票往往

选民群体的心理学就是这样。它和其他群体一样：既不更好也不更差。

十分危险。它们已经让我们付出了若干次遭受侵略的代价。我们现在正眼看着群体为其铺设道路的社会主义就要大获全胜，异想天开的人民主权论，十有八九会让我们付出更加惨重的代价。

然而，这些不同意见虽然在理论上很有说服力，但在实践中却毫无势力，我们承认这一点，是因为观念变成教条后有着不可征服的力量。群体权力至上的教条，与中世纪的宗教教条一样不堪一驳，但是它如今却拥有和昔日教条一样强大的绝对权利，因此它就像过去我们的宗教观念一样不可战胜。我们不妨设想一下，有一位现代自由思想家被送回了中世纪。难道你会认为，当他发现盛行于当时的宗教观念有着至高无上的权利后，会对它们进行攻击么？他一旦落入一个能够把他送上火刑柱的法官之手，并且指控他与魔鬼有约或参与了女巫的宴席，他还会对存在着魔鬼或女巫提出质疑么？用讨论的方式和飓风作对，不比群众的信念明智多少。普选的教条今天就有着过去的宗教所具有的威力。演说家和作家在提及普选时所表现出来的恭敬和媚态，哪怕是路易十四也无缘享受。因此，我们对于它必须采取和对待宗教教条一样的立场，只有时间才能够对它产生影响。

此外，要想破坏这种教条的努力更是徒劳的，因为它具有一种对自己有利的外表。托克维尔正确地指出，“在平等的时代，人们并不相信有关他们彼此之间全都一样的说法，但是这种比喻却使他们几乎毫无节制地信赖公众的判断力，其原因就在于，所有的人同样开明，这件事情似乎是不太可能的，真理并不会与人数上的优势站在一起。”

如果必要的话，对选举权加以限制，把这种权力限制在聪明人中间，如此便可以认为，这样做会改变群众投票的结果么？我永远无法承认会出现这种情况，这是基于我已经说过的理由，那就是一切集体，不管其成员如何，全都患有智力低下症。在群体中，人们总是会倾向于变得智力平庸。在一般的问题上，40 名院士的投票并不会比 40 个卖水人所投的票更高明。我也一点都不会相信，如果由有教养的受过教育的人作选民，受到谴责的普选的投票结果会变得大不相同。一个人并不会因为通晓希腊语或是数学，因为是个建筑师、兽医、医生或是大律师，便掌握了特殊的智力或社会问题。我们的政治经济学家全都受过高等教育，他们大都是教授或学者，然而他们何时就哪个普遍性问题，比如贸易保护、双本位制等取得过一致的意见？原因在于，他们的学问不过是我们普遍无知的一种十分弱化了的形式。在社会问题上，由于未知的因素数量众多，从本质上说，人们的无知并没有什么两样。

因此，完全由掌握各种学问的人组成的选民，他们的投票结果不会比现在的情况好多少。他们将仍然主要受自己的感情和党派精神的支配。对于那些我们现在必须要对付的困难，我们还是一个也解决不了，而且我们肯定会受到身份团体暴政的压迫。

群众的选举权不管是受到限制还是普遍给予，不管是在共和制还是君主制之下行使这种权利，不管是在法国、比利时、德国、葡萄牙或西班牙，都是一样的；总而言之，它所表达的不过是一个种族意识的向往和需要。在每个国家，当选者的一般意见都反映着种族的禀性，而我们看到，这种禀性从一代人到下一代人，不会有特别显著的变化。

由此我们发现，我们会一再遇到种族这个基本概念。因为经常遇到它，也由此会产生另一种认识，即各种制度和政府对一个民族的生活只能产生很小的影响。民族主要是受其种族禀性支配，也就是说，是受着某些品质的遗传残余的支配，而所谓禀性，正是这些品质的总和。种族和我们日常所需的枷锁，是决定着我们命运的神秘主因。

第五章　议会

提要:议会中的群体表现出异质性群体的大部分特征;他们的意见简单化;易受暗示,但有局限性;难以改变的意见和易变的意见;议而不决的原因;领袖的作用;名望的理由;议会的真正主人,只是少数人;他们使用绝对权利;演讲术的要点;没有名望者的演说徒劳无功;议会成员的感情夸张;国民公会的实例;议会失去群体特征的情况;专家在技术性问题上的作用;议会制度的优点和危险;适应现代要求,但会造成财政浪费和对自由的限制;结论。

议会是我们找到的一个有名称的异质性群体的范例。虽然议会成员的选举方式会因时因地而异,不过它们还是有着十分相似的特征。在这种场合下,人们会感到种族的影响,或是削弱或是强化了群体的共同特征,但不会妨碍它们的表现。像希腊、意大利、葡萄牙、西班牙、法国和美国,这些大不相同的国家,它们的议会在辩论和投票上表现出很大的相似性,使得各自的政府面对着同样的困难。

然而议会制度却成为了一切现代文明民族的理想。这种制度是一种观念的反映,即在某个问题上,一大群人是要比一小撮人更有可能做出明智而独立的决定。虽然这种观念从心理学上来说是错误的,但是却得到了普遍的赞同。

在议会中我们也可以看到群体的一般特征:头脑简单、多变、易受暗示、夸大感情以及少数领袖人物的主导作用。然而,因为其特殊的构成,其中也有一些独特的表现形式,我们现在来做一个简单的说明。

意见的简单化是他们最重要的特征之一。在所有的党派中,尤其是在拉丁民族的党派中,都存在着这样一种倾向,就是根据适用于一切情况的最简单的抽象原则和普遍规律来解决最复杂的社会问题。当然，原则也会因党派不同而各有不同，但是只因为个人是群体的一部分这个事实，他们便总是倾向于夸大自己原则的价值，一定要将它贯彻到底。因此产生的结果就是，议会更严重地代表着各种极端意见。

议会有着特别质朴的简单意见，法国大革命时期的雅各宾党人就为此提供了一个最为完美的典型。他们只用教条和逻辑对待人，满脑子都是各种含糊不清的普遍观念，他们只顾忙着贯彻死板的原则，而不关心事实情况。人们在谈到他们时，不无理由地认为，他们经历了一场革命，但却没有看到这场革命。他们以为可以在一些十分简单的教条的帮助下，就可以把整个社会从上到下重新改造一番，而结果却使一个高度精致的文明倒退到了社会进化更早期的阶段。他们为实现自己的梦想而采用的办法，与那些极端质朴的人有着同样的特点。实际上，他们只不过是把拦在他们道路上的一切统统毁掉。不管他们是吉伦特派、山岳派还是热月派，他们全都受着同样精神的激励。

群体在议会中是很容易受到暗示的影响，而且就像所有群体一样，暗示都是来自于享有名望的领袖。不过议会群体这种易受暗示的特点，又有着很明确的界限，指出这一点是十分重要的。

在一切有关地方或地区的问题上，议会中的每个成员都有着牢固而无法改变的意见，甚至任何论证都无法动摇它们。例如在贸易保护或酿酒业特权这类与有势力的选民的利益有关的问题上，哪怕是有丘摩西尼的天赋，也难以改变一位众议员的投票。在投票期到来之前，这些选民就会发出暗示，这些暗示足以压倒来自其他方面的一切取消的建议，从而使其意见绝对稳定地得到维护。

一旦涉及到一般性问题，如推翻一届内阁，或者开征一种新税等等，就不再有任何固定的意见了，领袖的建议便能够发挥影响了，虽然与普通群体中的方式有所不同。每个群体都有自己的领袖，有时他们的势力旗鼓相当。结果就是，有时一个众议员发现自己夹在了两种对立的建议中间，因此难免迟疑不决。而这也正解释了为什么经常会看到他在一刻钟之内就会做出相反的表决，或者为一项法案再增加一条使其失效的条款，例如剥夺雇主选择和解雇工人的权利，然后又来上一条几乎废除这一措施的修正案。

因为同样的理由，每届议会也有一些非常稳定的意见和一些极其易变的意见。大体上说，一般性问题数量更多，因此在议会中议而不决的现象也是司空见惯。之所以会议而不决，是出于对选民担心的考虑，从他们那里收到的建议总是姗姗来迟，这有可能会制约领袖的影响力。

不过，在无数的辩论中，当设计问题的议员们没有强烈的先入之见时，领袖们依然是处在主导地位的人。

这些领袖的必要性是显而易见的，因为在美国国家的议会中，都可以看到他们是以团体首领的名义存在着的。他们才是议会的真正统治者。组成群体的人没了首领便会一事无成，因此可以说，议会中的表决通常只代表极少数人的意见。

领袖的影响力只在很小的程度上出于他们所提供的论据，而在很大程度上是来自于他们的名望。关于这一点最好的证明便是，一旦他们不知因为什么情况而威信扫地，他们的影响力也就随之消失了。

这些政治领袖的名望只属于他们个人，与他们的头衔或名声无关。关于这个事实，西蒙先生，作为 1848 年国民议会成员之一，在评论其中的大人物时，为我们提供了一些非常具体的例子：

路易·拿破仑两个月以前还无所不能，如今却完全无足轻重了。

维克多·雨果登上了讲台。他却无功而返。人们听他说话，就像听皮阿说话一样，但是他并没有博得多少掌声。“我不喜欢他那些想法，”谈到皮阿，沃拉贝勒对我说，“不过他的确是法国最了不起的作家之一，也是最伟大的演说家。"基内尽管聪明过人，智力超强，却一点也不受人尊敬。在召开议会之前，他还有些名气，但在议会里他却籍籍无名。

对于才华横溢者最无动于衷的地方，莫过于政治集会。它所留心的只是那些与时间地点相宜、有利于党派的滔滔辩才，而并不在乎他是否对国家有利。要是想享有1848年的拉马丁和1871年的梯也尔得到的那般崇敬，需要有急迫而不可动摇的利益刺激才成。一旦危险消失，议会立刻便会忘记它的感激和受到的惊吓。

我引用上面的这些话，不是因为它所提供的解释，而是因为其中包含着一些事实，这其中的心理学知识贫乏得很。群体一旦效忠于领袖，不管是党的领袖还是国家的领袖，它便立刻失去了自己的个性。服从领袖的群体是处在领袖的名望的影响之下，并且这种服从不受利益或感激之情的支配。

因此，那些享有足够名望的领袖几乎掌握着绝对的权利。一位著名的众议员在多年时间里因其名望而拥有巨大的影响力。在上一次大选中由于某些金融方面的问题而被击败，此事广为人知。而他只需要比画个手势，内阁便倒台了。有个作家用下面的话语说明了他的影响程度：

这位X先生，我们要为他付出三倍于通常让我们付出的代价，主要是因为他，我们在马达加斯加的地位长期岌岌可危，我们在南尼日尔被骗走了一个帝国，我们失去了在埃及的优势。X先生的谬论让我们丢失的领土，比拿破仑一世的灾难有过之而无不及。对于这种领袖，我们不必过于苛责。不错，他是使我们损失惨重，然而他的大部分影响力都是因为他顺应了民意，而这种民意在殖民地事务上，目前还远远没有超越过去的水平。领袖很少超前于民意，他所做的一切几乎总是在顺应民意，因此也会助长其中的所有错误。

我们这里所讨论的领袖进行说服的手段，除了他们的名望之外，还包括一些我们多次提到过的因素。领袖要想巧妙地利用这些手段，他必须要做到对群体的心理了然于心，至少也要无意识地做到这一点。他还应该知道如何向他们说话，他尤其应当了解各种词汇、套话和形象的神奇力量。他还要具备特殊的辩才。这种辩才在所有集会中都可以看到，英国议会也不例外，虽然它是所有议会中最严肃的一家。英国哲学家梅因说：

在下院的争吵中可以不断看到，整个辩论不过是些软弱无力的大话和盛怒的个人之间的交锋。这种一般公式对纯粹民主的想象有着巨大的影响。让一群人接受用惊人之语表达出来的笼统的断言，从来就不是什么难事，即使它从未得到证实，大概也不可能得到证实。

以上引文中提到的“惊人之语”，不管说得多么重要也不能算是过分。我们多次谈到词语和套话的特殊力量。在措辞的选择上，必须以能够唤起生动的形象为准。下面这段话摘自于我们一位议会领袖的演说，它为我们提供了一个极好的范例：

这艘船将驶向坐落着我们监狱的那片热病肆虐的土地，把名声可疑的政客和目无政府的杀人犯关在一起。这对难兄难弟可以促膝谈心，彼此视为一种社会状态中互助互利的两派。

如此所唤起的形象是极为鲜活的，演说者的所有对手都会觉得自己受着它的威胁。他们的脑海里会浮现出两幅画面：一片热病肆虐的国土，一艘可以把他们送走的船。他们也是有可能会被放在那些定义不明确的可怕政客中间吗？他们所体验到的恐惧，与当年罗伯斯庇尔用断头台发出威胁的演说给国民公会的人的感觉是一样的。在这种恐惧的影响下，他们肯定会向他投降。

喋喋不休地说些最离谱的大话，是永远对领袖有利的。我刚才引用过的那位演说家能够断言，而且不会遇到强烈的抗议。他断言说金融家和僧侣在资助扔炸弹的人，因此大金融公司的总裁也应受到和无政府主义者一样的惩罚。这种断言永远会在人群中发生作用。再激烈的断言、再可怕的声明，都不算过分。要想唬住听众，没有比这种辩术更有效的办法。而在场的人会担心，假如他们表示抗议的话，他们也会被当作叛徒或其同伙而被打倒。

正如我所说，这种特殊的辩论术在所有的集会中都极为有效。危难时刻它的作用就更加明显了。从这个角度看，法国大革命时期各种集会上的那些大演说家的讲话，读起来都十分的有趣。他们每时每刻都认为自己必须先谴责罪恶弘扬美德，然后再对暴君破口大骂，发誓不获得自由毋宁去死。在场的人站起来热烈的鼓掌，冷静下来之后再回到自己的座位上。

偶尔也会有一些智力超群、受过高等教育的领袖，但是具备这种品质通常对他不但无益反而有害。如果他想说明事情有多么复杂，同意做出解释和促进理解，他的智力就会使他变得宽宏大量，这会大大削弱信徒们所必需的信念的强度。在所有的时代，尤其是在大革命时期，伟大的民众领袖头脑之狭隘令人瞠目结舌，但同时影响力最大的，肯定也是头脑最偏狭的人。

其中最著名的演说，即罗伯斯庇尔的演说，他经常说着一些令人吃惊的自相矛盾的话，只看这些演说实在搞不明白，这个大权在握的独裁者何以有如此巨大的影响：

教学法式的常识和废话，糊弄小孩子头脑的稀松平常的拉丁文化，攻击和辩护所采用的观点只不过是些小学生的歪理。没有思想，也没有措辞上令人愉快的变化，更没有切中要害的讥讽。只有令我们生厌的疯狂断言。在经历过一次这种毫无乐趣的阅读之后，人们不免会与和蔼的德穆兰一起，长叹一声："唉！"

想到与极端狭隘的头脑结合在一起的强烈信念，它们能够给予一个有名望的人什么样的权利，有时真会让人感到心惊肉跳。一个人要想无视各种障碍，表现出极高的意志力，就必须满足这些最起码的条件。群体会本能地在精力旺盛又信仰坚定的人中间寻找自己的主子，他们永远需要这种人物。

在议会里，一次演说要想取得成功，根本不取决于演说者所提出的论证，而是几乎完全依靠他所具有的名望。这方面最好的证明是，如果一个演说者因为这样或那样的原因失去名望，他同时也就失去了一切影响，也就是他根据自己的意志影响表决的能力。

当一个籍籍无名的演说者拿着一篇充分论证的讲稿出场时，如果他只有论证，他最多也只能让人听听而已。一位有心理学见识的众议员，德索布先生，最近用下面这段话描述了一个缺乏名望的众议员：

在议会里，一次演说要想取得成功，根本不取决于演说者所提出的论证，而是几乎完全依靠他所具有的名望。

他走上讲台后，从公文包中拿出一份讲稿，煞有介事地摆在自己面前，信心满满地开始发言。

他曾经自我吹嘘，说他能够让听众确信那些使他本人都感到振奋的事情。他不厌其烦地吹捧自己的论证，对自己所引用的那些数字和证据十分自信。他对能够说服听众坚信不疑。面对他所引用的证据，任何形式的反对都没有用处。他在台上一厢情愿地开讲，相信自己同事的判断力，认为他们理所当然地只会赞同真理。

在他一开口的时候，他便惊异地发现了大厅里其实并不安静，人们所发出的嘈杂噪音让他多少有些恼怒。

大家为什么不能保持安静呢？为什么如此的不留意他的发言呢？对于正在讲话的人，那些众议员在想些什么呢？有什么要紧的事情让这个或那个众议员离开了自己的座位呢？

这时，这位众议员的脸上掠过一丝不安的神情。他眉头紧锁地停下来。在议长的鼓励下，他又提高嗓门开始发言。他加重语气，做出各式各样的手势。但是周围的噪声越来越大，以至于他连自己的话都听不见了。于是他又停了下来。最后，因为担心自己的沉默可能会招来更加可怕的叫喊，如“闭嘴”，他便又开始说起来，而喧闹声变得越来越难以忍受。

当议会处于极度兴奋的状态时，它也会变得和普通的异质性群体没什么两样，这时它的感情往往表现出走极端的特点。可以看到它或是做出最伟大的英雄主义举动，或是犯下最恶劣的过失。个人这时不再是他自己，他会完全丧失自我，投票赞成最不符合他本人利益的措施。

法国大革命的历史，说明了议会是能够多么严重地丧失自我意识，从而被那些明显与自己利益截然对立的建议牵着鼻子走。贵族放弃自己的特权是多么巨大的牺牲。但是在国民公会期间那个著名的夜晚，他们却毫不犹豫的这样做了。议会成员们放弃自己那不可侵犯的权力，使得自己永远处在了死亡的威胁之下，而他们却还是迈出了这一步。他们并不害怕在自己的阶层中滥杀无辜。即使他们很清楚地明白，今天他们把自己的同伙送上了断头台，明天这可能也会成为自己的命运。而实际上，他们早已经进入了我曾描述过的一个完全不由自主的状态，任何想法都无法阻止他们赞成那些已经把他们冲昏了头脑的建议。下面的话便是摘自于他们中间的一个人，比劳·凡尔纳的回忆录，这段话极为典型的记录了这种情况："我们一直极力谴责的决定，"他说，"两天前甚至一天前我们还不想做出的决定，居然就通过了；造成这种情况的是危机，再无其他原因。"相信再也没有比这更加正确的说法了。

同样的无意识现象,可以在所有情绪激昂的议会上看到。泰纳说:

他们批准并且下令执行了一些他们引以为荣的措施。这些措施不只是愚蠢透顶,简直就是犯罪,他们杀害无辜,甚至杀害自己的朋友。在右派的支持下,左派全体一致,在热烈的掌声中把丹东,他们的天然首领,这场革命的伟大发动者和领袖,送上了断头台。在左派的支持下,右派又全部一致,在最响亮的掌声中表决通过了革命政府最恶劣的法令。议会全体一致,在一片热烈叫喊的赞扬声中,在对德布瓦、库车和罗伯斯庇尔等人热烈的赞扬声中,不由自主地一再举行改选,使杀人成性的政府留在了舞台上。平民派对此深恶痛绝,因为他们杀人如麻,山岳派也憎恶它,因为这个政府草菅人命。平民派和山岳派,多数派和少数派,最后都落了个同意为他们的自相残杀出力的下场。牧月22日,整个议会把自己交给了刽子手。热月8日,在罗伯斯庇尔发言后的一刻钟内,同样的事情又被这个议会做了一次。

这幅画面虽然看起来天昏地暗,但它却十分准确。议会要是兴奋和头脑发昏到一定程度,是会表现出同样的特点。它会变成不稳定的流体,受制于一切刺激。下面这段有关1848年议会的描述，来自斯布勒尔先生，一位有着不容怀疑的民主信仰的议员。我从《文学报》上把这段非常具有代表性的文字转引如下。它为我曾经说过的夸张感情这一群体特点，以及它的极端多变性提供了一个例子，这使它一刻不停地从一种感情转向另一种截然相反的感情。

共和派因为自身的分裂、嫉妒和猜疑，也因为它的盲信和无节制的愿望而坠入地狱。它的质朴和天真与它的普遍怀疑相差无几。与毫无法律意识、不知纪律为何物的表现相伴的，是放肆的恐怖和幻想。在这些方面乡下人和孩子都比他们强。他们的冷酷与他们的缺乏耐心一样严重，他们的残暴与驯服不相上下。这种状态是性格不成熟以及缺乏教养的自然结果。没有什么事情能让这种人吃惊，但任何事情又都会让他们慌乱不迭。出于恐惧或大无畏的英雄气概，他们既能赴汤蹈火，也会胆小如鼠。

他们对原因和后果不管不顾，也不在乎事物之间的关系。他们忽而灰心丧气，忽而斗志昂扬，他们很容易受惊慌情绪的影响，不是过于紧张就是过于沮丧，从来不会处在环境所要求的心境或状态中。他们比起流水来还容易改变，头脑混乱，行为无常。我们还能指望他们提供怎样的政府基础？幸运的是，上述这些在议会中看到的特点，也并不是经常出现。议会只是在某些时刻才会成为一个群体。在大多数情况下，组成议会的个人仍会保持着自己的个性，这也解释了议会为何能够制定出十分出色的法律。其实，这些法律的作者都是作家，他们只是在自己安静的书房里拟定草稿，因此，表决通过的法律，其实是个人而非集体的产物。正因为如此，这些法律才成为最好的法律。只有当一系列修正案把它们变成集体努力的产物时，它们才有可能产生灾难性的后果。群体的产品不管性质如何，与孤立的个人的产品相比时，总是显得品质低劣。专家阻止议会通过一些考虑不周全或行不通的政策。在这种情况下，专家是群体暂时性的领袖。议会影响不到他，他却可以影响到议会。

议会的运作虽然需要面对所有这些困难，但它仍然是人类迄今为止所发现的最佳统治方式，尤其是人类已经找到的摆脱个人专制的最佳方式。不管是对于哲学家、思想家、作家、艺术家还是有教养的人，一句话，对于所有构成文明主流的人，议会无疑是理想的统治。

不过，在现实中它们也造成了两种严重的危险，一是不可避免的财政浪费，二是对个人自由的限制不断增加。

第一个危险是各种紧迫问题和当选群体缺少远见的必然产物。如果有个议员提出一项明显符合民主理念的政策，譬如说，他在议案中建议保证使所有的工人都能够得到养老津贴，或建议为所有级别的国家雇员加薪，其他众议员因为害怕自己的选民，就必然会成为这项提议的牺牲品，他们似乎不敢无视后者的利益，反对这种提议中的政策。虽然他们清楚这是在为预算增加新的负担，必然会造成新税种的设立。他们不可能在投票时迟疑不决。增加开支的后果是属于遥远的未来的，是不会给他们自己带来什么不利结果的。但是如果投了反对票，当他们为连选连任而露面时，其后果就会清楚的展现在他们面前。

除了这第一个扩大开支的原因外，还有一个同样具有强制性的原因，即必须投票赞成一切为了地方目的的补助金。一名众议员是没有办法反对这种补助的，因为它们同样反映着选民的迫切需要，也因为每个众议员只有同意自己同僚类似的要求，才有条件为自己的选民争取到这种补助金。

上面提到的第二个危险，就是议会对自由不可避免的限制。这看起来虽然不那么明显，却是十分真实的。这是大量的法律所造成的结果。法律总是一种限制性的措施。议会认为自己有义务表决通过，但是由于目光短浅，它在很大程度上对其结果却茫然无知。

这种危险当然是不可避免的，因为哪怕像英国，这个提供了最通行的议会体制、议员对其选民保持了最大独立性的国家，也没有逃脱这种危险。赫伯特·斯宾塞在一本很久以前的著作中就曾经指出，表面自由的增加必然伴随着真正自由的减少。他在最近的《人与国家》一书中又再一次谈到这个问题。在讨论英国议会时，他表达了自己的观点：

自从这个时期以来，立法机构一直遵循着我所指出的路线。迅速膨胀的独裁政策不断地倾向于限制个人自由，这表现在两个方面。每年都有大量的法律被选定出来，对一些过去公民行为完全自由的事务进行限制，强迫他做一些过去他可做可不做的事情。同时，日益沉重的公共负担，尤其是地方公共负担，通过减少他可以自由支配的收益份额，增加公共权力取之于他并根据自己的喜好花销的份额，进一步限制了他的自由。这种对个人自由日益增加的限制，在每个国家都有斯宾塞没有明确指出的各种具体的表现形式。正是这些大量的立法措施的通过，它们大体上全都是些限制性法令，必然会大大增加负责实施它们的公务员的数量、权力和影响。沿着这个方向走下去，这些公务员有可能成为文明国家的真正主人。他们拥有更大的权力，是因为在政府不断更换的过程中，只有他们不会受到这种不断变化的触动，只有他们不需要承担责任，不需要个性，而永久的存在着。实行压迫性的专制,莫过于具备这三种特点的人。

不断地制定出一些限制性法规,用最复杂的条条框框把最微不足道的生活行为包围起来,难免会把公民自由活动的空间限制在越来越小的范围之内。各个国家被一种谬见所蒙蔽,认为保障自由与平等的最好办法就是多多地制定法律,因为它们每天都在批准进行一些越来越不堪忍受的束缚。它们已经习惯于给人上套,很快便会达到需要奴才的地步,失去一切自发精神与活力。那时,他们不过是些虚幻的人影,消极、顺从、有气无力的行尸走肉而已。

要是到了这个地步,个人注定要去寻求那种他自己身上已经找不到的外在力量。政府各部门必然与公民的麻木不仁和无望同步增长。因此它们必须表现出私人所没有的主动性、首创性和指导精神。这就迫使它们要承担一切,领导一切,把一切都纳入自己的保护之下。于是国家变成了全能的上帝。而经验告诉我们,这种上帝既难以持久,也不十分强大。

在某些民族中,一切自由受到了越来越多的限制,尽管表面上的许可使它们产生一种幻觉,以为自己还拥有这些自由。它们的衰老在造成这种情况上所起的作用,至少和任何具体的制度一样大。这是直到今天任何文明都无法逃脱的衰落期的不祥先兆。

结束章　民族存亡的关头

根据历史的教训以及各个方面都触目惊心的那些先兆来判断，我们的一些现代文明已经到达了衰败期之前，那些历史上早已有过的时代。所有的民族似乎都不可避免地要经历同样的生存阶段，因为看起来历史是在不断地重复着它的过程。

关于文明进化的这些共同阶段，是很容易做出简单的说明的，我将对它们做一下概括，以此为本书画上句号。这种速记式的说明，往往也能够启发我们理解目前群众所掌握的权利的原因。

如果我们根据主要线索，对我们之前那些文明的伟大与衰败的原因加以评价，我们将会发现什么呢？

在一种文明诞生之初，有一群来源不同的人，因为移民、入侵或占领等原因聚集在了一起。他们的血缘、语言和信仰也不相同。没有完全得到某个头领承认的法律，是这些人结为整体的唯一的共同纽带。这些混乱的人群有着十分突出的群体特征。他们短暂的团结，既表现出了种种英雄主义，也拥有种种弱点，例如容易冲动并且性情狷狂。没有什么能够将他们牢固地联系在一起。他们是一群野蛮人。

漫长的岁月造就了自己的作品。环境的一致、种族间不断出现的通婚以及共同生活的必要性发挥了作用。不同的小群体开始融合成一个大的整体，形成了一个种族，即一个有着共同特征和感情的群体，它们在遗传的作用下日益巩固。这群人最终变成了一个民族，而这个民族又有能力摆脱它最初的野蛮状态。但是，只有经过长期不懈的努力、必然而不断重复的斗争以及无数次的反复，从而使它获得了某种理想之后，它才能完全形成一个民族。这个理想具有什么样的性质并不十分重要，不管是对罗马的崇拜、雅典的强盛还是真主安拉的胜利，都足以让种族中的每一个人在感情和思想上形成完全的统一。

在这个阶段，一种包含着各种制度、信念和艺术的新文明便诞生了。这个种族在追求自身理想的过程中，会逐渐得到某些建立丰功伟业所不可缺少的素质。无须怀疑，它有时仍然还是乌合之众，但是在它变幻不定的特征背后，会形成一个稳定的基础，也即是一个种族的禀性，它决定着一个民族在狭小的范围内产生变化，也支配着机遇的作用。

时间在完成其创造性的工作之后，便开始了它的破坏过程，不管是神还是人，都无法逃脱它的手掌。一个文明在达到一定的强盛和复杂程度之后，它便会止步不前，而一旦止步不前，它便注定会进入衰败的过程。这时，它的老年期便要降临了。

这是个不可避免的时刻，并且总是以作为种族支柱的理想率先衰弱为特征。同这种理想的衰弱相对应，在它的激励下建立起的宗教、政治和社会结构也随着开始发生动摇。

随着这个种族的理想不断地消亡，它也将日益失去了使自己团结、强盛的品质。个人的个性和智力可以增长，但是这个种族集体的自我意识却会被个人自我意识的过度发展所取代，同时伴随着种族性格的弱化和行动能力的减少。本来是一个民族、一个联合体、一个整体的人群，最终会变成一群缺乏凝聚力的个人。

此后，或许他们在一段时间内，仅仅因为传统和制度而被人为地聚集在一起。正是在这个阶段，被个人利益和愿望搞得四分五裂的人，已经失去了治理自己的能力，因此在最微不足道的事情上也需要领导，于是国家开始发挥它引人注目的影响力。

随着古老理想的丧失，这个种族的才华也会完全消失。它仅仅是一群独立的个人，因而又回到了原始状态，即一群乌合之众。它既缺乏统一性，也没有未来，只有乌合之众那些一时的特性。它的文明现在已经失去了稳定性，只能够随波逐流。民众就是至上的权力，野蛮风气日益盛行。文明也许仍然华丽，因为久远的历史赋予它的外表依然存在，而事实上，它已经成为一座岌岌可危的大厦，没有任何的支撑，或许在下一次风暴来临的时候，它便会立刻倾覆倒塌。

在追求理想的整个过程中，从野蛮状态发展到文明状态，然后，当这个理想逐渐失去其优点时，便开始走向了衰落和死亡，这就是一个民族生命循环的过程。

代后记　大革命与新大陆

陶　林

考察世界的晚近历史，我们可以发现一个非常耐人寻味的现象：大部分历史变革行为在肇始之初表现得非常之理性，那些意欲召唤变革的精英们，似乎方方面面思考得很美好，说出来也几近完美，制定的行动计划似乎也很周全。不过，一旦从精英的头脑落实到历史的航道之时，就会慢慢乱了方寸。刚开始，费了极大的心力去推动变革，然而只是有短暂的美好时期，随后就不断地溃败，最终以彻底的混乱收场。

这种状况体现在法国大革命的历史上，显得非常贴切。虽然这种简单的陈述历史的方法，似乎像是说我国传统的“治—乱循环”，但就历史的纯现象观感来看，那是确凿无疑的。恰如马克思所观察到的：“播下龙种，收获跳蚤。”好似人类历史注定的宿命一样。之所以发生这种状况，是因为人们的局限性，眼光有限，在历史的具体视野中，有一些非常显著的忽略——比如对“暴力”、“权力”、“谎言”，再比如说“群众”。而往往，这种忽略并非因为它们隐藏得太深了、太难把握了，而相反，是因为它们太普通、太平庸、太平淡无奇了。

勒庞的《乌合之众》就揭示了历史视野中一个最常被忽略的领域——“群众”。“群众”就是人群，就是一伙人。两人以上就成了伙，数量级可以无限地扩大。人生来就注定是一种群体性的动物。从出生到死，一个人逃不开最首要的社会性问题，往往不是他在哪一种文明、文化、种族、民族当中该怎么看待自己，而是他一个人该如何面对周围的那一群人。不过，这个问题看来也的确太普通了，绝大部分人都不会为它所困扰的。因为对于生活在具体文化当中的每一个人而言，因为长幼尊卑都被各自的民族的文化定法设计好了，人不必太费心机，就找到自己在群体里的位置、在相应的位置里诸如责任、义务、权利等等。倘若他不顺从这种人群中的秩序，人群会很好地对之加以规范，并总能令之就范。

一群微不足道的食肉蚁抱团，就能很轻易地啃光一只水牛。若是一群自诩“万物之灵长”的人抱团，则更会有排山倒海般的力量的。这种力量被人加以引导利用充分展示出来后，看起来，的确令人望而生畏。所有统治者如果不能拥有这股人群的力量，其统治地位也就无从谈起。因此，在《乌合之众》中，勒庞直率地指出这点：“所有时代和所有国家的伟大政客，包括最专横的暴君，也都把群众的想象力视为他们权力的基础，他们从来没有设想过通过与它作对而进行统治……”正是如此，所有族群中最精明的权术家都深谙本民族之群体心理，也深谙动员群众之道，这边是俗话说的“得民心者得天下”。

然而，一个历史的盲区就在这里产生了：各民族的人们都考虑各自的文化模式中的个人与群体，在漫长的历史光阴中，却没有人会从纯粹的一个人与一群人关系去考虑一下。这是一种典型的囚徒困境，因为各个民族群体要与别个群体展开残酷的生存竞争。也就是所有民族的领导者，都在考虑关于本族群的“高端性问题”：我们这个族群如何更好地抱团，我们这个社会如何更好地集群，以战胜别个族群。只有当临近 20 世纪时代，现代心理学的发轫，人们才有心来看看人群的本质。如同莫奈发现了伦敦的天空那样，勒庞第一次发现了关于人群的奥秘。

能够发现人群的这一奥秘，一大半要归于勒庞所生活的那个时代。勒庞本人是个保守派社会精英，他生活在法国革命不断的年代里，经历过巴黎公社和法兰西第二帝国等历史时期，亲眼目睹了法国民众在传统的信仰与权威崩塌后，在近乎宗教般的革命激情中，退化成一群野蛮、善变、极端的原始人。人群的文明、理性和智力在革命的烈火中被焚烧殆尽。于是，在极少数人的怂恿下，民众会毫不犹豫地做出骇人听闻的暴行，并且还深以为荣，要求把罪行表彰为爱国主义的行为。

整个法国大革命的历史，为勒庞提供太多关于乌合之众的思考素材了。在勒庞之前，或许是因为“革命”的需要，有无数的学人、政客、革命家为“群众”戴上高帽子。他们确凿无疑地宣布，群体是高尚的、群体伟大的、群体是正确的、群体代表着历史潮流和方向等等。而勒庞则一针见血地指出的，事实上并没有一个英明果断、代表历史潮流的群众存在，有的只是一群“乌合之众”。为此，勒庞在《乌合之众》之中总结道：“民众缺乏理性，依赖于信仰与权威的引导，用想象来判断，模仿他人行为，简而言之，民众是盲从的。”勒庞的这一判断，在世界晚近历史的全球化社会结构大变革中，屡屡应验，屡试不爽，且至今还在不断应验，发挥作用。

这也正印证了前文所提及的历史“乱—治”循环现象，正是因为精英疏于去仔细思考一下群体这一特征，或者是他们中确有心知肚明、却不乏“别有用心”的人。他们善于利用这种集群的弱点，善于在道德光环下，依靠利益的诱惑，操控这股巨大的群氓之力。

众所周知，晚近的世界历史是人类群体一次大变革的轴心时代。因为在这个时代里，人类的技术突破了瓶颈，在漫长的自然历史进程中，人对自己所能释放的力量，令历史进程中的大部分都颇感意外。人们总是吃惊于人群中不断涌现的新发明、新革新。大部分人还没有做好充分的心理准备，全球的资本力量就蒸汽机、电动机、内燃机、信息技术、计算机、通讯技术等等以迅雷不及掩耳之势改变着世界。于是，随着自然与技术科学的发展，人们对社会的设计有了强烈的冲动，并广泛地十分不安于既往漫长光阴里固存普遍的等级制文明。也就是在这样历史航道中，存在着两股力量的竞赛，技术力量与人文力量的竞赛。倘若技术力量发展得太快，人群未及广泛地把技术的发展文明化、文化化。那么，很少部分人就能够充分利用这个时间差，利用技术进步，赚取在变革风暴中丢失的权杖与皇冠，这部分人就是现代的职业革命家，或者说现代权力的冒险投机家。

遗憾的是,人类文化的进步是缓慢的,唯有技术进步是显而易见的。技术的发展如同是一把火,人群本身却是一锅水,轻而易举就被煮沸。在变革时代的技术与人文竞赛中,人们沸腾不已,人文总是被丢在一旁。于是,革命渐渐脱离了社会变革的轨道,变成一种技术支撑的暴力竞赛。对此,勒庞满怀忧心地写道:"随着原初理想的丧失,这个种族的才华也会完全消失。它仅仅是一群独立的个人,因而又回到了原始状态,即一群乌合之众。它既缺乏统一性,也没有未来,只有乌合之众那些一时的特性。它的文明现在已经失去了稳定性,只能够随波逐流。民众就是至上的权力,野蛮风气日益盛行。文明也许仍然华丽,因为久远的历史赋予它的外表依然存在,而事实上,它已经成为一座岌岌可危的大厦,没有任何的支撑,或许在下一次风暴来临的时候,它便会立刻倾覆倒塌。"

大革命爆发之后,如果不耐心下来总结革命,总结过去,在历史中首先凸显的,是不断升级的过错,从而能轻易消弭掉技术进步的红利。事实上,在《乌合之众》成书后不久,世界大革命中极权政权的广泛兴起(诸如纳粹德国),把勒庞所担忧的一切变成了人间的地狱,两次世界大战、冷战及当下的世界格局,表明历史依旧在群体暴力长长的阴影中徘徊。勒庞正是深怀这样的忧思来为人类做出的反思的。他是一个持自由个人历史观的学者，推崇英美式的个人自由主义，反对传统的国家主义，反对新兴的群体集权。在《乌合之众》一书中，他令人信服地指出："群体不善推理，却急于行动。它们目前的组织赋予它们巨大的力量。我们目睹其诞生的那些教条，很快也会具有旧式教条的威力，也就是说，不容讨论的专横武断的力量。群众的神权就要取代国王的神权了。"

同时，勒庞也是深入骨髓的人道主义者，像自大革命时代就发出抗议之声的雨果等作家一样，他反对以任何群体的名义牺牲任何自由的个人。勒庞对"乌合之众"有非常精确的判断：民众为了追求幸福，会愿意牺牲任何的自由，追随强力领袖，赋予他绝对权力，并为他所宣扬的理想毁灭一切。所以，没有对个人福祉的保障，就不会有群体福祉的实现。事实上，他的这套观点，几近于每一个经历大革命后的知识分子的共识。也是诸如马克思这样倡导"共同生产"思想的共产者的心声，即一个理想的社会，注定只有自由的个人才能组成有活力、有文明的群体。共同生产这个并非人类的终极，自由人的自由联合才是终极。那将是人类生活的新大陆。

我把"新大陆"看成是"大革命"的延伸和结果，而非是"乌托邦”。大革命不过是历史实现其变易的一种方式，从来就不是必然方式。尽管所有的大革命一心一意要打造崭新的“乌托邦”，但我看来，这完全是一种群体心智不成熟表现。把“乌合之众”打造成集群的是暴力，它不经由头脑，而完全来自原始心智的肉体。革命爆发，说到底不过革命与被革命两种人群的火并。所谓“人一思考、上帝就发笑”，革命，某种意义上是人类一些固有缺陷的产物，比方被革命者们的顽固不化、傲慢、愚钝、冷血等等，革命者们的缺乏耐心、嗜杀、争权、暴力崇拜等等。革命者有两重身份——终结过去和创造未来，但历史的残酷与诡秘之处在于，革命的自有逻辑是，胜任终结过去的革命者，往往吞噬了那些能够创造未来的革命者。因为他们从人群中召唤出来的毁灭力量太大了，让他们失去控制，更乐于成为退化了的野蛮人的领袖，变成了比过去更加变本加厉的极权者。他们许诺下“乌托邦”，却驱逐了那些真正能够一点点建设“新大陆”的文明人，然后在活生生的“人间地狱”中称王称霸。只有暴力和谎言四处飘荡，而远离文明的光照。关于这一点，勒庞曾预言过，中国在辛亥革命后必将迎来更加极权的专制。

与“大革命的乌托邦”相比，新大陆承载着无数自由却勤奋进取个体。在开拓地上“新大陆”之前，他们实际上已经把新大陆从内心中开辟出来。同样是粗野的“乡下人”，新大陆的开拓者只因拥有真正的个体自由，并捍卫这种自由，从而在内心中生发出“人”的灵魂。欲得变革之民族，必要变革之个人，只有自由个人灵魂能够从“乌合之众”当中抽身，对自己负起全部的责任来，并在艰难的生存中变革自我。“大革命”的光明之处，说到底，也就是在太过古老的秩序中挣扎出现代个人的自由空间，让大家去探寻各自心中“新大陆”。

从这意义上来说，哥伦布发现新大陆，并非只有地理学上的意义，更具人类文化史的深刻意味。美洲大陆的殖民开发代表不了新大陆，美国的独立战争和革命也无法代表美国就是“新大陆”（南北内战的爆发，依然证明“乌合之众”同样能左右美国）。唯有一个个筚路蓝缕、百折不挠的新大陆居民，带着最朴素的自我发展愿望，坐在一起商讨未来之时，“新大陆”才人们的灵魂中崭露头角。

在“乌合之众”没有充分爆发之前，我们忽略了左右历史的大众力量，人群的力量。“群众”的力量充分爆发了之后，我们更要提醒所有人，即使人类的数量再多，也只是在这个小小的石头球上居住的一群人。这一群人，有一样的肉身、一样的喜怒哀乐、一样的悲欢离合、一样的痛快疾苦。总而言之，凡“乌合之众”发力之处，文明危机重重。地球已经一体化，地上已无新大陆可供发现，唯有内心无限宽广。与其在革命、民主、自由这些泛泛的词义中讨论历史，不如说在现有制度下更多孕育出带有“新大陆气质”的个人。他们每一个人就是一片“新大陆”，联结在一起，能够成为堤坝，抵挡现代文明成果被一波又一波新的野蛮潮涌所吞噬。在当代世界，这些野蛮潮涌包括极权主义、极端国家主义、极端狭隘的民族主义、极端保守思潮、恐怖主义、种族主义等等——自“大革命”始，往“新大陆”终，不用想得过于太遥远，这是我们每位阅读本书的读者，在有生之年能见证到的全部历史图景。

谨代后记，并向翻译本书的李隽文女士、校正润色本书的邵雨先生致敬。

2014 年 1 月 15 日于海滨寓所